AF498363

MÁS QUE NÚMEROS

MÁS QUE NÚMEROS

Alejandrina Frías

Para Winny de 20 años.
Todo va a estar bien.

AGRADECIMIENTO

Papá y mamá, quiero agradecerles por tantas cosas. En estas páginas, encontrarán una historia que los hizo sufrir. Gracias por confiar en que yo estaba poniendo de mi parte para solucionar el problema. Sé que fue difícil vivir esto en silencio. Me imagino lo duro que debió ser para ustedes, puesto que sabían que mi vida corría peligro. Gracias por aguantarse tantas lágrimas y tener la fortaleza necesaria para acompañarme como observadores durante esos años. Finalmente, les agradezco que hoy, años después, este libro no es un tema tabú, sino un trofeo de victoria. Nuestra victoria, porque, aunque esta historia es mía, ustedes también forman parte de ella.

Marisa, gracias el apoyo. Gracias, porque durante mis momentos más duros, estuviste ahí para darme el rayito de esperanza que necesitaba cada semana. Gracias por ser un espacio de imperfección, por confiar en que podría salir de esto. Gracias a ti aprendí que es de humanos fallar, que no tengo que ser perfecta todo el tiempo y que se vale tener días malos. Gracias por ser mi cómplice en esta aventura de escribir este libro. Tú fuiste la persona que me animó a abrir mi corazón. Gracias por cada noche que pasaste leyendo los borradores. Sin ti, este libro no habría sido posible.

CONTENIDO

¡Hola!...

Lo sé, eso sonó muy poco profesional y no parece la forma adecuada de comenzar un libro. Honestamente estuve despierta toda la noche. Después de meditar unas cuantas horas, decidí que no había forma cómoda de comenzar, así que: ¡Hola!

No sé cuál sea la razón precisa por la que este libro llegó a tus manos. Podría darte una buena lista de suposiciones por las que yo creo que estás leyendo esto, sin embargo, algo que aprendí a lo largo de esta pesadilla, es que de nada sirve desgastarte en el porqué de las cosas. Es mejor invertir energía en solucionarlas.

Por ello, te voy a evitar la molestia de hacerte leer diez hojas con las razones sobre por qué leer este libro o de por qué considero que muchas personas deberían hacerlo. Resumamos todo eso con la siguiente oración: ¡Estoy muy feliz de que nos encontremos a través de estas palabras!

A lo largo de estas páginas, encontrarás una historia que durante cinco años me consumió. Ya sé que estás pensando: ¿no le dará vergüenza que todos lean algo tan íntimo?

Mi respuesta es no, siempre será no. ¿Sabes por qué? Porque me hubiese encantado haber podido encontrarme con páginas como éstas cuando me encontraba inmersa en uno de los peores momentos de mi vida.

Con todo cariño,

Alejandrina Frías

CAPÍTULOUNO

15 KILOS DE MÁS

Peso: 41 kilos

No te podría decir el momento exacto en el que todo comenzó. Mucho menos qué lo causó. Todo estaba perfecto, aunque, si todo iba bien, ¿por qué estaba llorando en el baño tratando de hacerme vomitar?

Pareciera que me estoy adelantando mucho a la historia, pero no. La primera vez que noté algo verdaderamente alarmante fue en ese preciso momento. Estaba sentada, sola, encerrada en un baño a ocho mil kilómetros (aproximadamente) de todos mis seres queridos y tratando de vomitar mi cena.

Confieso que no entiendo cómo llegué a aquel excusado, decidida, como estaba, a vomitar todo lo que acababa de comer. Perdí el control. Primero estaba sentada en la mesa del comedor terminando de cenar. Lo siguiente que recuerdo es que estaba encerrada en el baño. Me encontraba de rodillas frente al inodoro. Sabía lo que tenía que hacer. Lo había visto en miles de películas. Semanas antes, había leído los pasos a seguir en 'Ana y María'[1].

Me quedé diez minutos en la misma posición hasta que reaccioné. Me solté a llorar. No quería vomitar, odiaba hacerlo, sin embargo, si de verdad no me gustaba, ¿por qué corrí tan decidida al baño?

Algo no estaba bien. Algo no había estado bien desde meses atrás, pero no me había, o más bien, no quería darme cuenta.

Espero que no te moleste hacer una pausa en mi historia... antes de adentrarnos más, quiero contarte un poco sobre mí y aclarar unas cuantas cosas.

Me considero de estatura normal. Mido 1.59 metros. Podrías pensar que soy bajita, pero yo digo que es una altura promedio, porque es la que siempre he tenido desde los 17 años.

Trato de vestirme siempre elegante, al menos que sepa que no voy a salir de la casa. En esos casos, mis pijamas y calcetines de colores se vuelven mis mejores amigos. Eso sí, no importa si estoy en pijama

---

[1] Nombre falso que hace referencia a un página que existió en la cual se brindaban consejos en pro de la anorexia y la bulimia. Afortunadamente, el sitio fue eliminado.

o en vestido. Siempre uso maquillaje con diferentes tonalidades e intensidades. Un poco de base y rímel nunca pueden faltar.

Soy una persona perseverante. Una vez que tengo un objetivo claro, no dejo de luchar hasta alcanzarlo. Creo que ésa fue una de las cualidades que me permitió sobrevivir a todo esto.

Por otra parte, mi familia es un tanto especial (mamá, papá o hermano: si leen esto, espero no se ofendan. Es sólo que es importante que relate la percepción que tenía en ese momento de ustedes y lo que sentía. Cabe aclarar que nunca estuvo en juego mi amor por todos ustedes. Los amo). Sí, parecíamos lo que comúnmente se denomina como familia perfecta.

De perfectos, por supuesto, no teníamos ni tenemos nada, pero nos gustaba creer que sí. Nadie se peleaba con nadie. No había gritos. Todo era amor y paz. Nunca había conflictos, o al menos, eso era lo que nos enseñaron a demostrar.

Teníamos que cumplir exactamente con las reglas de un librito que, al parecer, era muy famoso, sin embargo, todavía no sé cómo se llama ni quién es el autor.

Solamente puedo decir que las reglas de aquel texto regían el comportamiento de nuestra familia. Eran las normas que nos orientaban sobre la imagen que debíamos proyectar ante la sociedad.

Ahora bien, te voy a explicar cómo estaba mi relación con cada uno de ellos cuando todo comenzó. Lo narraré en pasado, porque después de todo lo que nos pasó, las relaciones evolucionaron, se adaptaron y se hicieron más fuertes que nunca.

Tenía una excelente relación con mi mamá. Según nosotras, éramos las mejores amigas. Me apoyaba en todo y yo confiaba ciegamente en ella. Honestamente hacíamos todo juntas. Ella era mi mejor confidente.

Ahora ya no es mi mejor amiga. Le otorgué únicamente el rol más exclusivo e importante en mi vida: ser mi mamá. (*Mom*, tal vez no lo entiendas ahora y estás traumada, pero espero que algún día comprendas que no quiero que ocupes el puesto de mejor amiga. Con ese papel, ya tengo a cuatro mujeres increíbles. Yo quiero que seas mi mamá, con todas las risas y jaladas de orejas que eso conlleva).

Por otro lado, está mi papá, con quien siempre he vivido una situación complicada. Podíamos tener días muy buenos o muy malos. Esto pasa, porque somos muy parecidos. Así, por momentos, chocábamos mucho. Otras veces, nos entendíamos mejor que nadie.

Esta relación puede sonar un poco extraña. La verdad es que sí era difícil debido a que no entendía cómo nos podíamos llevar tan bien o tan mal.

Muchos años después, comprendí que en serio no era ni mi culpa ni su culpa. Sencillamente, somos tan parecidos que a veces explotamos por no saber cómo expresarnos o por tener ideas tan fuertes y radicales.

Además, dado que sabemos cómo somos, argumentamos y nos desarmamos con los mismos discursos. Al no poder ganar ninguno –como normalmente estamos acostumbrados a hacer con las demás personas– nos frustramos y nos atacamos (pa, sólo te diré que espero no quedar igual de calva que tú. Te quiero. Imagina mi cara feliz ahora).

Finalmente está mi hermanito. Bueno, ni tanto: es un señor que mide 1.80 metros, así que refirámonos a él como mi hermano. Él y yo teníamos una relación increíble. Era mi compañero de aventuras. Cuando éramos chicos, mis papás rezaban para que llegase el día en el que nos lleváramos bien, o mínimo, que no nos peleáramos tanto.

La verdad es que nunca creímos que fuésemos a ser tan unidos, pero una vez alcanzados los 18 y 15 años de edad, nos volvimos entrañables (Gabriel, tal vez nunca te diste cuenta, pero contar con tu opinión, siempre tan objetiva, me ayudó muchísimo. Saber que contaba contigo en las buenas y en las malas, me dio fuerzas para salir adelante, y aunque tal vez nunca te conté todo para no asustarte, siempre me diste ánimos para continuar).

Ahora te contaré un poco de mis amigas. Cuando todo empezó, sólo tenía a una mejor amiga. Se llama Ivana. Ella sigue siendo y seguirá siendo mi segunda hermana, al igual que las otras tres que fui conociendo a lo largo de mi vida. Creo que cada una de ellas llegó a mí en el momento indicado y una vez más, de manera indirecta, fueron personas que me dieron la fuerza necesaria.

Tal vez no lo sabían, porque no permití que nadie se enterara de lo que estaba viviendo, pero saber que ellas estaban ahí para mí, fue muy importante. Ellas fueron mi distracción y mis carcajadas en pequeños momentos que marcaron la diferencia.

Hay otras personas importantes en esta historia, pero no aparecen sino hasta mucho después. No coman ansias. Explicaré a detalle su participación en mi vida e historia (ustedes dos saben quienes son).

A la primera persona que llegó, sólo puedo darle las gracias mil veces por haberme dado la fuerza y las ganas de vivir. Creo que todavía no sabe ni se imagina lo que significó tenerlo a mi lado. Siempre le estaré infinitamente agradecida, porque fue un pilar para mí, el salvavidas número uno en esta situación.

La segunda persona fue alguien que me guió durante el final de este proceso. Estuvo ahí en mis momentos más fuertes, escuchando y guiándome. Gracias a ella, encontré la fuerza para continuar. También me recordó que la vida tiene 'Puras cosas maravillosas'[2]. Esta persona fue la que me motivó a escribir esto. Sin ella, no estarías leyendo estas páginas. Ella fue mi salvavidas número dos.

Bueno, ahora que ya sabes un poco más de mi familia y amigos, podría profundizar un poco más sobre mí. Contarte, por ejemplo, del millón de cosas que me gustaba hacer, así como del otro millón que no me gustaba. Había también cientos de actividades, pensamientos o aspectos que me daban miedo. De

---

[2] Monólogo sobre por qué vale la pena vivir del autor inglés Duncan Macmillan.

hecho, podría hacer de este libro algo eterno, contándote sobre todo aquello que me orilló a sumergirme en la pesadilla más grande de mi vida. Sin embargo, no lo voy a hacer.

¿Por qué no quiero contarte las causas del problema? Bueno, tengo varias razones.

La primera es porque a mí no me sirvieron de nada. A decir verdad, nunca quise identificarlas con exactitud ni recordarlas, puesto que quería salir del problema. Pensar en las causas sólo me mantenía ocupada en las cosas negativas. Durante el proceso, decidí enfocarme a solucionar el problema, en lugar de averiguar las causas de éste.

Pero si de verdad tienes muchas ganas de saber por qué empezó todo, te puedo dar un poco de información sin tanto detalle. Espero que esto te sea suficiente: me sentía presionada por cumplir con la perfección y el ideal que tanto buscaba mi familia.

Así, siempre lograba cumplir con estas altas expectativas que yo sola me ponía, pero cuando noté pequeñas fallas, mi cerebro lo registró como grandes errores y se presionó mucho para cambiarlos. Ante tal nivel de estrés y presión, no lograba corregir estos leves fallos, sino por el contrario, empezaba a sentirme peor por tardar tanto en recuperar esa perfección y satisfacer a mis papás.

Cabe aclarar que ése es un muy pequeño resumen del gran porqué de este asunto. Es un pequeño párrafo que describe rápidamente el origen, el cual, no obstante, entendí hasta mucho más tarde. Cinco años después para ser exactos. Por eso, tampoco creo que sea conveniente que nos desgastemos pensando en las razones del origen. Es mejor que te cuente cómo encontré la solución.

A fin de cuentas, este libro es sobre cómo convertí una derrota, que parecía segura, en una victoria. Por más que pensemos en las causas del problema, son situaciones que ya pasaron y no van a cambiar. Lo importante es la solución.

Además, con exactitud, no sé cómo empezó todo. No sé cómo fui cayendo en algo que me daba tanto miedo. No sé cuándo aquella pesadilla se volvió parte de mí. No te voy a contar momentos exactos. Lo que quiero contarte es cuándo me di cuenta, cómo esto influyó en mi vida, cómo me rompió, pero sobre todo, cómo me reconstruí.

Sé que duró cinco años desde que me di cuenta. Probablemente estuvo presente desde antes. Nuevamente, podría sentarme horas a analizar las actitudes que empecé a tomar, pero otra vez, todo sería suposición. En problemas así, no te das cuenta hasta que ya es muy tarde.

Y que conste: pesadillas así se viven de muchas maneras. No existe una sola forma de vivir esto. Las películas, series o libros pintan estas situaciones de una manera muy exacta, como si todos los casos fueran iguales y como si todas las personas a las cuales esto les pasara tuviesen las mismas actitudes. No es así. No tienes que estar hueso y pellejo para estar en una situación preocupante. No tienes que estar diez kilos debajo de tu peso para que te sientas agobiada.

Bueno, ahora que ya tienes todo el antecedente de mi situación e hice las aclaraciones que consideraba necesarias, regresemos a mi historia... ¿En qué íbamos?... ¡Cierto! ¡Ya me acordé!

¿Por qué quería vomitar en aquel baño si no hay cosa que más odie que eso? ¿Por qué no podía hacerlo? ¿Estaba llorando? ¡Yo nunca lloro! ¿Por qué lo hacía?

Además, si todo parecía estar bien, ¿cuál era la razón para no sentirme así? ¿Qué era esto? ¿A qué me estaba enfrentando?

Desde muy pequeña, siempre había sido una niña saludable. Cuidaba lo que comía porque así me educaron mis papás. Nunca comía en exceso, pero sí todo lo que se me antojara. Nunca fue tema en mi casa, porque lo hacía con medida.

Conforme fui creciendo, ese estilo de vida se mantuvo, sobre todo cuando detectaron que mi papá era prediabético. Así, el estilo de comer de la familia mejoró para bien. Todo era integral, natural, light, libre de azúcar, etc.

Todo esto lo consumía de manera automática y no significaba nada importante en mi vida. Siempre fui delgada, por lo que el peso no era, hasta ese momento, un factor relevante para mí. Es más, te puedo asegurar que no ubicaba dónde estaba la báscula de mi casa hasta que cumplí 18. ¿Para qué iba a quererla? A fin de cuentas, únicamente mi papá se tenía que pesar para monitorearse y evitar la diabetes.

Sí, el peso nunca fue un asunto de importancia hasta que comenzaron los preparativos para irme a estudiar un año fuera del país.

Al igual que muchos jóvenes de mi edad, decidí salir de México y estudiar en Suiza durante diez meses gracias a que mis papás me motivaron a aprender un idioma más.

No obstante, al elegir el programa en el que me iba a ir de intercambio, mis papás y yo encontramos uno que no sólo te permitía viajar a otro país, sino que también se preocupaba por hacer una preparación previa para los estudiantes. De esta forma, al llegar a aquel sitio, éstos tuviesen una idea clara de lo que enfrentarían.

Esta preparación consistía en juntas mensuales y campamentos. En dichas actividades, otros jóvenes, que anteriormente se fueron con el mismo programa, contaban sus vivencias y aventuras para que nosotros, quienes nos preparábamos para partir, usáramos aquellas experiencias en nuestro beneficio.

Al comenzar las juntas, me fui dando cuenta de que, al ser dirigidas por jóvenes apenas uno o dos años mayores que nosotros, se volvían muy informales o superfluas. En muchas ocasiones, nuestras inquietudes o las dudas que tuviéramos pasaban a un segundo plano. Sólo había un tema de conversación en la mesa: las mujeres suben de peso cuando se van a estudiar a otro país.

¿Yo? ¿Subir de peso? Siempre fui talla 0. Imposible. No podía pasar. No iba a pasar. No iba a dejar que pase. Estaba tan segura que hasta aposté con otras personas. Por cierto, sigo debiendo varias cenas.

Los tres meses previos a la fecha de partida, los viví invadida por ese tema de conversación. Cada vez que tenía alguna junta o algún campamento por el intercambio, la gente me recordaba que habíamos apostado. Yo decía que no iba a subir de peso. Estaba segura, ¿sabes por qué? Porque yo siempre cumplo mis objetivos... bueno, al menos, hasta ese momento, siempre los había cumplido.

Finalmente llegó el día de tomar el vuelo de once horas que me llevaría al otro lado del mundo. Como tenía tan claro uno de mis objetivos, lo primero que hice al llegar a esa casa extraña fue ubicar la báscula. Ella sería mi aliada en el proceso de ganar todas esas apuestas que había hecho.

Pasó una semana... subí un kilo. Pasaron dos semanas... subí dos kilos. Pasaron los meses y subí tres... cuatro... cinco... seis.... siete... ocho... nueve... 10... 11... 12... 13... 14... 15.

¡15 kilos! ¡Había subido 15 asquerosos kilos! Yo, la que siempre cumplía sus objetivos, la que juró que no iba a subir más de cinco (obvio hice las apuestas con un margen de error. No fui tan tonta como para decir que no iba a subir nada).

Había un error en la imagen perfecta que tenía de mí. Estaba fallando en mi estilo de vida saludable y en cumplir todo lo que me proponía. ¿Cómo dejé que se me atravesaran tantos chocolates e impidieran el logro de mi meta?

Seguro estás en shock por esos 15 kilos extra, pero te voy a decir un secreto: antes de irme a ese lejano país estaba 10 kilos por debajo de mi peso, por lo que esos 15 kilos, no se veían como te los imaginaste en el párrafo anterior.

Por otro lado, no sé si fui suficientemente dramática en mi descripción. Lo que es seguro es que no me acerqué ni un poquito a lo horrible que me sentía en aquel momento. Ya sé, no era nada, pero en mi mente esos 15 kilos lo representaban todo.

Me encontraba aproximadamente a ocho mil kilómetros de mi casa. No recuerdo la fecha en la que la báscula marcó esos 15 kilos, pero lo que sí sé es que marcó el inicio de una pesadilla. El problema es que me di cuenta que vivía un mal sueño hasta que ya era demasiado tarde.

CAPÍTULO DOS

SEIS MINUTOS DE ABDOMINALES AL DÍA

Peso: 56 kilos

Las semanas pasaron. ¿Cuántas? No recuerdo exactamente. Pero esos 15 kilos ya estaban ahí. Algo no había salido de acuerdo al plan, puesto que no debía subir más de cinco kilos, ¿te acuerdas?

La ansiedad comenzó a invadirme, no sólo porque había fallado en el cumplimiento de mi meta, sino también porque estaba lejos de casa. Extrañaba a mis papás, a mi hermano, a mis amigos.

Además, me encontraba en un país donde no conocía a nadie. No tenía amistades ni compañía. No tenía con quién desahogarme. Era tal mi desesperación y mi agonía que honestamente ni me esforcé por conseguir a alguien en quien confiar. No quería que supieran que me sentía frustrada por haberme fallado. Eso tenía que solucionarlo por mí misma.

Sumándose a todos estos sentimientos de angustia, me sentía sola. Ni siquiera podía distraerme platicando con la gente que me rodeaba. Me costaba mucho trabajo comunicarme con la familia que había decidido recibirme en su casa y con los compañeros de la escuela.

Me imagino lo que estás pensando… ¿Por qué no podía comunicarme? ¿No el punto de todo esto era aprender un nuevo idioma? ¿Por qué no estaba entendiendo nada? ¿Por qué no me esforzaba por aprender? ¿Qué era lo que estaba sucediendo?

A decir verdad, sí me esforcé. Trabajé mucho por aprender el idioma e integrarme a la comunidad que me rodeaba. De hecho, mi principal motivo para estar en ese preciso lugar era aprender a hablar alemán. Me llamaba tanto la atención que, antes de irme a estudiar, me preparé con clases de ese idioma para que al menos pudiera entender algo de lo que las personas decían.

No obstante, para mi sorpresa, al llegar a Lucerna descubrí que esos meses de preparación previa no sirvieron de mucho, ya que todos tienen un dialecto diferente y hablan como se les antoja.

Probablemente no me creas, pero te invito a investigar sobre Suiza: tiene cuatro idiomas oficiales, y por si fuera poco, en la parte alemana, hay una gran mezcolanza de dialectos basados en esta lengua.

Cada estado, o mejor dicho, cada cantón[3] tiene una forma de hablar muy distinta.

Lo anterior complicó mucho mi aprendizaje, debido a que, por más que me esforzara por entender las pláticas de los compañeros de la escuela, ellos hablaban un dialecto que ni siquiera parecía alemán. Las personas que me rodeaban solamente hablaban *hochdeutsch*, el alemán oficial y académico, cuando querían decirme algo. Era como aprender dos idiomas al mismo tiempo.

Sentía una impotencia terrible al no poder entender nada de lo que sucedía a mi alrededor. Me costaba mucho seguir una plática. No podía comunicarme con las personas que estudiaba y tampoco con los maestros. Bueno, de todos modos, no quería hablar con ellos.

¡Espera! Eso tengo que precisarlo: sí quería hablar con mis profesores, pero no de lo que realmente me estaba preocupando. Los sentimientos de fracaso, decepción y angustia eran muy fuertes, y no quería que nadie se enterara de cómo me sentía. Era mi error y yo tenía que arreglarlo.

El día que la báscula marcó esos 15 kilos, traté de usar todo tipo de excusas para justificar el suceso. No podía ser que hubiera subido tanto en apenas unas

---

[3] Nombre que se da en Suiza a las distintas regiones del país. Aunque todas son parte de una federación, cada cantón posee un dialecto particular. De esta forma, si un ciudadano suizo viaja a otro cantón es seguro que deberá hablar alemán, dado que no podrá entender el dialecto de dicha parte del país.

semanas. Era imposible. Había tratado de cuidar mis porciones alimenticias y comer comida saludable. Tenía que encontrar la razón que explicase de dónde salieron esos 15 kilos.

La primera respuesta que encontré era la más simple de todas: seguramente estaba fallando la báscula. Es común que se acaben las baterías y muestre el peso mal o que comience a tener sus fallas porque ya está vieja. Al menos, eso quería creer.

La única manera de comprobar esta teoría era subiendo a otra. Tenía que encontrar una que no estuviera fallando. Busqué por todos lados otra báscula, aquella que sería mi salvación y la que marcaría el peso correcto.

Finalmente, la hallé en un rincón de la casa. Estaba debajo de unos sofás, bastante empolvada. Esa seguramente no estaba fallando, no como la del baño que todos usaban. Ésa seguro sí tenía errores. La báscula que estaba escondida entre los sofás marcaría con precisión el peso correcto. Nadie la utilizaba, o al menos, eso parecía. Si nadie la usaba, entonces no tendría porque estar alterada.

En ese momento tenía la teoría de que las básculas se echaban a perder con el uso, y que si mucha gente usaba la misma, tendría un rango de error mayor, por lo que era necesario calibrarla o cambiarle las baterías.

En fin, llegó la hora de la verdad. El corazón me latía fuerte. Ahí, a unos pocos centímetros de mí, se encontraba el objeto que sería mi salvación.

Seguramente el destino quería que lo encuentre. Me haría sentir mucho mejor. Me permitiría dejar de preocuparme por el peso. Respiré profundo. Saqué todo el aire de los pulmones y me paré encima…56 kilos…

¡¿QUÉ?! ¿Entonces la otra no estaba echada a perder? ¿Sería posible que todas las básculas de aquella casa estuvieran fallando? No, ¿verdad? Ya sé, sonó muy tonto, pero por un instante quise creer que sí.

Cinco segundos después, cuando regresé a la realidad y me di cuenta de que era imposible que todas tuvieran errores, decidí conseguir otra excusa.

Abrí mi laptop. Internet, ahí tendría que estar la respuesta. Safari, Google: ¿Por qué peso más en un país que en otro? Buscar.

Después de leer varias páginas, encontré la que se ajustaba a mi situación. Decía algo parecido a esto: "Te encuentras en una altitud diferente, estás más lejos del centro de la Tierra y más cerca de la atmósfera, por lo que se altera tu peso".

Excelente, ahí estaba la solución. Cerré mi laptop. Esa noche cené delicioso. Estaba muy feliz de que en realidad no había subido de peso, bueno tal vez sí subí, pero no 15 kilos. Esa gran diferencia se debía nada más al cambio de altitud.

Suena ridículo, pero decidí creerlo varios días. De hecho, fue mi excusa favorita. Se lo decía a todos los que me preguntaban si ya había subido de peso. "¡No! ¡Para nada! ¿Cómo crees que subí de peso?... Es porque estoy en una altitud diferente, entonces se altera mi peso… ¡Sí, me quedan los *jeans*! ¡Claro que no subí! Es la altitud, ya te lo había dicho…"

Mis respuestas sonaban un tanto así. La gente no me decía nada y yo estaba feliz, o mínimo, aparentaba estar feliz, porque quería creer que todavía tenía el control. No había subido ni iba a subir más.

Sin embargo, me considero una persona inteligente, por lo que esa excusa me duró muy poco. No recuerdo exactamente cuánto tiempo traté de engañarme, pero te puedo asegurar que mi mentira no cumplió ni una semana. Tenía un problema y había llegado el momento de solucionarlo.

Ok, 15 kilos. Pero, ¿por qué? Estaba segura de que estaba comiendo bien. Cuidaba mis porciones a la hora de servirme la comida en el plato y trataba de no excederme con los postres. En efecto, sólo probaba los platillos dulces que realmente valieran la pena, esos que se veían deliciosos, así como los chocolates suizos que decían ser los mejores. Pero nada más. Desayunaba cereales o un pan tostado con mantequilla y mermelada. Comía lo que cocinaran en la casa en el plato más chico que hubiera. Cenaba una rebanada de pan con mermelada. No comía muchas galletas. De vez en cuando, se me antojaban algunas con un vaso de leche fría.

Vigilaba mi alimentación con cuidado y esmero, así que debía de haber otro problema que estaba pasando por alto…

Una tarde, mientras veía televisión, me llegó una nueva idea. ¡Ya sabía cuál era mi error! ¡Seguramente me estaba pesando mal! Entraba al baño, me lavaba los dientes, me bañaba, me ponía el pijama, y por último, me subía a la báscula. Probablemente no debía pesarme a esa hora, porque ya era tarde y mi cuerpo estaba hinchado después de todas las comidas del día.

Tenía que llegar a la báscula con una estrategia diferente. Probé subiéndome a horas distintas, con distintos cambios de ropa, antes de comer, después de comer. ¡Nada! Siempre marcaba lo mismo.

Entonces se me ocurrió una brillante idea, esa que sería decisiva sobre mi situación de aquel momento: tenía que pesarme cuando me despertara y sin ropa, porque no habría comido nada en muchas horas.

Además, no iba a tener encima toda la ropa que tenía que ponerme para no congelarme en las bajas temperaturas suizas. Había ideado el plan perfecto para comprobar que seguía dentro del margen de error, esos cinco kilos que yo me había planteado como aceptables para subir.

Para evitarme cualquier otro susto, la noche anterior cené ligero y temprano. Me acosté a dormir muy tarde para estar segura de que ya había hecho digestión y no tuviera nada en la panza. Tardé en dormirme. Estaba muy nerviosa.

Sonó la alarma, corrí al baño, me lavé la cara, me quité el pijama y los calcetines... 56 kilos.

Odié la báscula desde aquel día. No había errores ni fallas. No tenía blusas, suéteres o *jeans*. Ni siquiera ropa interior, pero el aparato seguía aumentándome esos 15 kilos. Lo más desesperante era que ni siquiera sabía en dónde estaban.

Aunque al principio te dije que no te iba a mencionar las causas de mi problema muy a detalle, voy a platicarte sobre algo en especial que considero que contribuyó en buena medida a generar la ansiedad y frustración de aquel momento.

Te dije que yo no sabía en dónde estaban esos 15 kilos, ¿te acuerdas? (Si no te acuerdas, puedes subir dos párrafos y volver a leer la última oración... ¿Ya la leíste? ¡Perfecto!) Sí, no sabía en dónde estaban esos kilos, porque yo me seguía viendo a mi misma igual que cuando llegué a Suiza. No noté el cambio físico, pero la báscula marcaba algo diferente.

Ése fue uno de los aspectos que más me alteraba. Si según yo me seguía viendo bien, ¿por qué la báscula no concordaba con lo que veía? ¿Por qué algunas personas me preguntaban si había subido de peso? ¿Por qué decían que me veía más llenita? ¿Por qué me sugerían dietas?

Algo no me cuadraba. Siempre me había sentido segura de mí misma. Tenía mucha autoestima. Yo me veía bien. Todos los demás no tanto y la báscula menos. Ése fue el momento en el que dejé de confiar en mi autopercepción. Al parecer, no podía sentirme bien conmigo, porque lo que se encontraba a mi alrededor indicaba que no me veía tan bien como yo creía.

Dejé ir mi autoestima. Ya no podía confiar en ella. Me estaba dejando mal, me estaba engañando.

Tendría que guiarme por lo que decían esa tonta báscula y las personas que me rodeaban.

Al no poder confiar en lo que yo veía, tenía que regresar a la mujer que era antes, aquella que el mundo y la báscula veían delgada, sin importar lo que yo viera en el espejo.

Pero, bueno, ya no podía regresar el tiempo y cerrar la boca para evitar probar todos esos postres que en serio valía la pena comer. Sin embargo, no todo estaba perdido. Todavía tenía siete meses para bajar todos esos kilos y regresar a mi hogar victoriosa.

Comencé por lo básico. Era necesario un cambio en mi alimentación. Tenía que seguir una dieta estricta. Para eso, leí todos los blogs sobre comida saludable. No tienes idea de la infinidad de páginas a las cuales entré. Investigué acerca de todo: qué alimentos comer y cuáles no, cuánta agua tenía que tomar al día, qué ingredientes me hacían quemar grasa y cuáles me hinchaban.

Aunque quise borrar esa información, todavía recuerdo mi meticulosa dieta. No panes, no pastas, mucha, muchísima agua, avena, barritas energéticas, té verde... exceso de té verde. Claro, al ser un diurético natural, esta infusión tendría que ayudarme. Tenía cientos de sobres escondidos en mi clóset. También había en mi mochila de la escuela y en la *backpack* que llevaba a todos los viajes improvisados por ese país.

Traté de seguir la dieta con exactitud, sin embargo, había un problema: vivir en aquella casa suiza, cuya familia formaba parte del programa intercultural al que me inscribí y que aceptaba a extranjeros para vivir con ellos.

Yo sé, esto no necesariamente era un problema, pero al no querer contarle a la gente lo que estaba sintiendo, no podía acercarme a ellos y decirles que estaba cuidando mi alimentación, por lo que me era imposible comer saludable en su presencia. Tampoco podía cocinar mi propia comida, controlar el menú ni decidir qué se compraba en el supermercado. No podía evitar las pastas ni los panes que a los suizos les encantan. Por supuesto, comencé a frustrarme por no poder seguir mi dieta.

Tenía que mejorar esa parte del plan. Empecé a ir al supermercado en las tardes. Mi clóset se convirtió en un gran escondite para toda la comida que yo consideraba saludable gracias a las sugerencias de Google y los blogs que se hacían llamar *fit*. Ahí guardaba cientos de barritas energéticas, miles de sobres de té verde, un bote de crema de cacahuate y cereales *light*. De esa forma, podría evitar desayunar y cenar lo que la familia comprara. Además era una manera de tener *snacks* saludables al alcance de mi mano durante todo el día.

Pasaron las semanas. La báscula marcaba lo mismo, así que decidí agregarle algo más a mi estrategia. Tendría que hacer ejercicio. Y no de cualquier tipo. Según Google, tendría que hacer rutinas que en el mundo de las personas que se hacen llamar *fit* se conocen como cardio.

Obviamente, no tenía ni idea de a qué se referían con aquella palabra, así que también lo tuve que buscar en Google. Al parecer tendría que hacer ejercicios cardiovasculares que aceleren el proceso de quemar grasa y hagan que baje de peso más rápido.

Te voy a contar un secreto: odiaba hacer ejercicio. No importaba si implicaba practicar un deporte, asistir a clase, bailar canciones o ir al gimnasio. Detestaba cualquier tipo de actividad física, pero sabía que tendría que mover el cuerpo unas cuantas horas a la semana si quería que mi estrategia funcionara mejor.

Me metí a hacer zumba. Las clases eran de una hora dos veces a la semana, no obstante, aquellas sesiones se volvieron mi refugio. No bailo muy bien, pero al ser la única latina del lugar, mínimo era la que mejor se movía. De hecho, disfrutaba las clases y me divertía mucho. Poco a poco, las señoras que iban me comenzaron a reconocer por ser la mexicana que bailaba con ellas.

Pero esas dos horas semanales no eran suficientes. Mi dieta era muy complicada de seguir. La familia siempre comía pastas y pizzas. Además, una que otra vez se me antojaba probar un nuevo chocolate suizo, lo que complicaba aún más seguir el plan.

Decidí agregar más ejercicio. Comencé a salir a correr. Me motivaba pensando que, por única ocasión en la vida, tendría la oportunidad de correr entre paisajes hermosos. ¡Y en verdad eran bellísimos! Corría entre montañas y árboles enormes. Con frecuencia, me encontraba con varias vacas en el camino.

Traté de correr media hora diaria, pero obviamente, como odiaba hacer ejercicio, después de dos semanas, lo dejé de hacer.

No lograba eliminar ningún gramo, y aunque no estaba subiendo más, tampoco estaba bajando. Esos 15 kilos seguían conmigo.

Traté de exigirme más con la dieta, pero al verlo imposible, decidí presionarme con hacer más ejercicio. Ya hacía cardio, porque bailaba zumba. Eso tendría que contar como ejercicio cardiovascular. Ahora tendría que agregar algo para tonificar o, al menos, eso decían las páginas de internet.

Encontré una aplicación que al parecer ya era bastante famosa. Se llamaba algo así como *seven minutes of abs*. El punto era que tenía que hacer siete minutos de ejercicios para el abdomen al día y notaría cambios. Me volví fan de la aplicación desde el primer momento que la usé. Te indicaba los ejercicios que tenías qué hacer y durante cuánto tiempo. Se convirtió en una adicción enfermiza.

No podía pasar un día sin hacer abdominales. Sólo eran siete minutos. Si sabía que estaría fuera de mi casa todo el día, me despertaba muy temprano para llevar a cabo la rutina. Si no me daba tiempo, la hacía en la tarde, si no, en la madrugada. No podía no hacerla. Nada más eran siete minutos. Era lo mínimo que podía hacer para alcanzar mi objetivo.

Ahora sí ya tenía todo el plan de ataque. Aunque difícil de seguir, tenía la dieta y las rutinas de ejercicios. Sólo debía hacerlo durante algunas semanas y vería los resultados.

Seguí este nuevo estilo de vida lo mejor que pude, hasta que llegó la hora de la verdad. Tenía que volver a subirme a esa báscula y comprobar que todo mi esfuerzo estaba sirviendo para algo.

Así lo hice... 56 kilos... Dios, gracias a Dios... espera... ¡¿QUÉ?! ¡¿OTRA VEZ 15 KILOS DE MÁS?! Imposible. Me había matado con dietas y el ejercicio que detestaba. No podía estar pasando. ¿Ni siquiera se movió unos gramos? Seguro estaba rota esa porquería. No podía estar pasando. ¿Sabes cuántos chocolates rechacé para poder seguir esa tonta dieta de internet? Todo ese esfuerzo por nada.

Sentí un enorme vacío, ese sentimiento que representan muy bien en las películas: cuando al personaje principal le sucede algo horrible, se escucha un silencio estremecedor y la cámara lo enfoca directamente a los ojos que parecen estar en una especie de trance.

Tenía la esperanza de mínimo haber bajado un par de kilos. En serio, sentía que me había esforzado demasiado. Era imposible que no hubiese logrado nada. Me había costado mucho trabajo rechazar comidas y postres suizos, platillos que se me antojaban mucho, pero trataba de usar la mayor fuerza de voluntad posible y los rechazaba. También había tomado mucho té verde, muchísimo, aproximadamente dos litros y medio diarios.

La desesperación era cada vez mayor. Estuve un par de minutos parada sobre la báscula, esperando el momento en el que los números cambiarían... no, no pasó. Esos 15 kilos se quedaron ahí. Ni uno solo de los números desapareció. Estaba destrozada.

Evidentemente, mi investigación no había sido suficiente. Ahora tenía que tomar medidas un poco más drásticas.

Dediqué toda una tarde a buscar nuevas dietas. Algo más radical. Tenía que evitar consumir cualquier tipo de azúcar. Adiós a todos esos postres que tanto disfrutaba. Tenía que medir más mis porciones. Conseguí recetas, desayunos, *snacks*, cenas... cualquier cosa saludable que me ayudara a perder grasa y bajar de peso.

En esta ocasión no habría lugar para errores. Descargué una aplicación para mi celular en la que podía anotar todas las calorías que consumiera durante el día. Me iba a obligar a comer bien, porque honestamente, ¡qué vergüenza estarme matando para estar flaca y anotar puras cochinadas llenas de grasa! Claro, éste es un pensamiento estúpido, pero en aquel entonces lo consideré bastante inteligente.

Me presionaba demasiado para no comer nada de lo que me gustaba, pero cuando ya no aguantaba más, comía. Y mucho. Lo hacía en exceso, porque eran cosas que me encantaban y, si ya había roto la dieta, mejor la rompía bien para que valiera la pena.

Eran momentos en los que nada me importaba. Me rendía y comía todo lo que se me había antojado durante la semana. Evidentemente, en ese momento, dejaba de anotar las calorías en la aplicación.

Al terminar aquel atracón, me sentía como una fracasada. Un sentimiento de culpa me invadía y me destrozaba emocionalmente.

Los pantalones me empezaron a apretar. Tenía que ser una broma. Era como uno de esos chistes malos con los que te topas por la vida y que deseas nunca haber escuchado. No me causaba nada de gracia.

El estrés y la ansiedad se multiplicaron. Todos los días me presionaba para no comer nada. Todo el tiempo pensaba en comida. Las horas se me pasaban lentamente. Cada día era eterno. Pensaba en qué debía comer y en qué no debía ni voltear a ver. Me fijaba en todos los postres de las cafeterías por las que pasaba. Sentía que las calorías me perseguían.

Había días que llegaba a la casa con aire de victoria, ya que no había comido nada prohibido y me encerraba a hacer los siete minutos de abdominales como toda una campeona.

Pero otros días, llegaba derrotada tras haber aceptado ese chocolate que estaban dando a probar en el supermercado. Había roto mi plan perfecto. Aprovechaba para comer todas las galletas que había visto en la cocina y me había negado a comer. Después, con lágrimas en los ojos, hacía esos famosos ejercicios para tonificar.

La diferencia entre los días buenos y los días malos era agobiante. Me sentía desesperada, pero no quería que nadie se enterara. Nadie podía saber cómo me sentía.

Cuando alguien me notaba rara, simplemente contestaba que era porque extrañaba a mi familia. Es más fácil explicar eso, que decir que se me antojaban las galletas que esa persona estaba comiendo y suplicarle al mismo tiempo que no me ofreciera ni siquiera la mitad de una. Era más sencillo decir eso, a explicar que la vida se me iba pensando en comida, que sufría todos los días y que mi existencia se había vuelto muy difícil.

Además, nadie podría comprenderlo. Ni siquiera yo entendía lo que sucedía. No podía explicarlo. Mis papás probablemente hubieran reaccionado como si no fuera nada grave, dado que yo siempre tenía todo *bajo control*. Probablemente sería sólo una etapa. En ese momento, nunca me imaginé lo que pasaría después. A fin de cuentas, no había nada notoriamente grave como para que los que me rodeaban se dieran cuenta. Me sentía muy mal. Eso lo tenía muy claro, pero no sabía lo que estaba sucediendo.

Al sentirme tan asustada ante mi debilidad, mi falta de control para seguir la dieta y sentir apretados los *jeans*, decidí investigar en un sitio de internet donde había gente que se sentía igual que yo.

Muchos años atrás, una maestra nos habló sobre esa página de internet. Nos pidió que nunca entráramos, porque tenía ideas equivocadas. Mientras nos lo decía, muchas de mis compañeras ingresaron. Como era de esperarse, la duda las invadió y todas entraron al sitio desde sus celulares. Yo no. No quería saber nada del tema. A decir verdad, era algo que me asustaba demasiado. No podía entender cómo algunos llegaban al extremo de defender prácticas tan peligrosas.

Pero de pronto, inmersa en esos sentimientos de ansiedad y desesperación tan fuertes, aquella página me vino a la mente, y por algún extraño motivo, lo que mencionaba ya no sonaba tan mal. A decir verdad, en mi cabeza, aquellos consejos se escuchaban bastante bien.

Así fue como entré, por primera y única vez, a 'Ana y María'. No sé si te suena familiar o si alguna vez entraste. Ni trates de buscarla en Google. Antes de escribir el nombre, me aseguré de que ya no existe. ¡Me alegro tanto de que ya no pueda encontrarse en internet! ¿Por qué no la cerraron antes de que yo la leyera de pies a cabeza?

En caso de que no tengas idea de lo qué hablo, te voy a explicar un poco. Era un sitio de internet en pro de la anorexia y bulimia, el cual, de una forma muy amigable, te daba todos los *tips* para seguir este peligroso estilo de vida.

Parece imposible que alguien en su sano juicio considere aceptable meterse a esa página para seguir consejos, pero ése era el problema: las personas que escribían en 'Ana y María' no estaban en su sano juicio, mientras que los usuarios que ingresaban no estaban pensando con claridad. Yo era uno de ellos.

Por ello, es evidente que cuando decidí entrar a este sitio no me di cuenta de lo que estaba haciendo. Yo misma me estaba orillando a hacer cosas para dañarme. Sabía que no era sano. Todas las acciones que te decían que tenías que hacer no estaban bien. Por ende, nada de esa información me iba a beneficiar, pero no tenía otra opción.

En ese momento sentía que era la única salida. Estaba consciente de que yo no quería ser anoréxica, mucho menos bulímica. De hecho, estaba decidida a no ser un caso más de jóvenes que arriesgan su salud con tal de estar flacas. Yo nunca iba a caer en eso. Nada más quería documentarme y tener la información. Pero, si no lo iba a hacer, ¿por qué me sentía tan atraída hacia las cosas que estaba leyendo? No podía parar. Tenía que continuar almacenando toda la información que pudiera.

Esa tarde, en el sofá, revisé muchos artículos de aquel portal, aunque hoy me arrepiento de haberlo hecho. Leí hasta que no pude más. Salí del sitio justo después de revisar un artículo que me dijo todo lo que necesitaba saber para provocarme el vómito.

Lo creas o no, en ese instante, me pareció un texto muy bueno. Lo analicé detenidamente. Estaba considerando esas ideas como correctas.

Pero ahí fue cuando no pude más. Cerré la laptop y me solté a llorar. No podía creer que por un momento hubiera considerado adecuados aquellos métodos para bajar de peso. Era algo que simplemente no podía permitirme pensar. Me asusté tanto que nunca volví a entrar a esa página, sin embargo, el daño ya estaba hecho.

Siguieron pasando horas, días, semanas. Mi vida giraba en torno a la dieta estricta, las clases de zumba y los siete minutos de abdominales al día.

Estaba inmersa en un círculo vicioso del que no podía escapar. Tenía miedo, estaba angustiada, me invadía la agonía. Por supuesto, vivía estresada. No podía dejar de pensar en comida, en lo que podía y no podía comer, en los siete minutos de abdominales y en bajar de peso.

Cada desayuno, cada comida, cada cena eran una pesadilla. Cada vez que ingería un alimento, mi mente recordaba las técnicas que aquella página me había explicado.

No quería caer en eso, sin embargo, por tanto estrés, empecé a tener problemas en el intestino, o al menos, eso quise creer. Con la excusa de que estaba teniendo dificultades para ir al baño, busqué laxantes por todas las farmacias en Suiza. Estaba tan segura de que necesitaba esos medicamentos que le decía a mi mamá que hacía un mes no iba al baño para que me recomendara los más fuertes. Así, todos los días, terminando de cenar, los tomaba. Se volvieron parte de mi rutina.

Ahí fue cuando, engañándome, comencé a utilizar las técnicas de 'Ana y María'. Si lo hubiera pensado bien, enseguida me habría dado cuenta de lo que hacía. Pero no quería pensar. Quería mentirme y tener una excusa para comportarme de esa manera.

Yo no era una de esas niñas anoréxicas, no quería serlo… a menos que eso significara bajar de peso.

Poco a poco, el pensamiento de "al menos si fuera anoréxica bajaría de peso" comenzó a llegar de manera más frecuente.

En este punto, es fundamental aclarar una idea común, aunque errónea: tener un trastorno alimenticio no es sinónimo de estar flaco o flaca, mucho menos de estar hueso y pellejo. Puedes tener un problema grave y nunca estar debajo de tu peso ideal. Sin embargo, la creencia común es que todas las personas con trastornos alimenticios terminan por verse como si fueran esqueletos. Que te quede claro: ¡Esto no es cierto!

Inexperta como era yo en aquel entonces con este asunto, creía que si me volvía anoréxica iba a bajar de peso muy rápido, porque no iba a comer nada.

Las cosas no son así. Tener anorexia no significa dejar comer y bajar cinco tallas en un mes. Significa tener un problema con la percepción de tu cuerpo, una inseguridad muy fuerte sobre tu imagen y un miedo inimaginable a cualquier tipo de alimento. Por si fuera poco, estas acciones muchas veces vienen acompañadas de atracones de comida y sentimientos de culpa que pueden llegar a matarte. ¡No es broma! ¡No estoy exagerando! No sabes hasta qué extremo te pueden llevar esos sentimientos. Es verdaderamente alarmante.

Todo eso –insisto– era desconocido para mí en ese momento, por lo que seguía pensando en la posibilidad de ser anoréxica para resolver mis problemas.

No obstante, cada vez que lo pensaba, lo siguiente era repetirme: "Imposible, jamás en la vida me haría eso". Vaya, realmente no era mi intención. Yo quería bajar de peso y estaba haciendo todo para lograrlo. Era lo único que importaba, sin embargo, no iba a tener anorexia. No podía permitirlo. No iba a pasar.

Sin darme cuenta, comencé a utilizar más y más técnicas de 'Ana y María'. Todas estaban justificadas por alguna excusa tonta que siempre terminaba por creer. De esta forma, aunque fui aplicando técnicas extremas, cada día me sentía peor. Cada semana me subía a la báscula y allí estaban los 15 kilos de más.

Pasaban los días. Me exigía más y más en la dieta. Tomaba numerosos laxantes, muchos más de la porción recomendada. Cada vez los atracones de comida eran más seguidos, porque, como te comenté antes, si en algún momento rompía la dieta, lo consideraba el momento perfecto para consumir todos los postres y chocolates que no había comido.

Por supuesto, al ser cada vez más frecuentes estos atracones, eran más frecuentes también los episodios de culpabilidad y arrepentimiento. Me encerraba a llorar horas. No salía de mi cuarto. Poco a poco, me fui metiendo más temprano a dormir, aunque en realidad, cada vez me dormía más tarde. Los siete minutos de abdominales al día, se convirtieron en 14 minutos, luego en 21, y finalmente, en 28.

Me subía a la báscula y seguía con 15 kilos extras. Repetía más abdominales. Tomaba más y más laxantes. Nada… Hasta que llegó el día en el cual comenzó este libro.

No recuerdo qué día de la semana fue, pero estaba muy triste. Recién había tenido un atracón de comida. Me sentía muy mal. Había comido como diez galletas, dos rebanadas de pastel y un sándwich. Yo sólo quería cenar algo ligero, pero se me atravesó una galleta y no pude parar. Estoy segura de que comí más de lo que recuerdo, porque en verdad me sentía muy mal.

Al terminar aquel paquete de galletas, rompí en llanto. Estaba sola en la casa, así que lloré con todas mis fuerzas. De todos modos, nadie podía escucharme, y por supuesto, no quería que nadie lo hiciera.

En ese momento de desesperación, llegó a mi mente aquel artículo que había leído semanas atrás. No lo dudé ni cinco segundos. Corrí al baño. Me encerré y me senté en el lugar indicado. Ya no estaba llorando. Estaba feliz, porque tenía una solución rápida y estaba decidida a hacerlo.

Fue entonces cuando sonó mi teléfono. Era mi mamá. Me acababa de mandar un mensaje: "Faltan pocas semanas para vernos. ¡No puedo esperar! Te amo".

Sentí cómo salió la primera lágrima. Entré en *shock*. No podía creer lo que estaba a punto de hacer. ¿En qué momento caí en esto?

Estuve un buen rato sentada en el baño, pero no en la misma posición de antes. Estaba en un rincón, abrazando mis piernas. No podía dejar de llorar. Estaba muy asustada. Eso no era algo que yo, en mi sano juicio, hubiera hecho, pero ése era el problema: no estaba en mi sano juicio. Lo sabía. Hacía muchos meses que lo sabía. Únicamente no había querido darme cuenta. No quería aceptar que tenía un problema. Mucho menos lo podía admitir. No lo quería admitir. Y nadie lo podía saber.

Nadie.

CAPÍTULO TRES

MIL 200 CALORÍAS
(SIN CONTAR CARBOHIDRATOS)

Peso: 50 kilos

Sé que ya te lo dije varias veces, pero en serio jamás creí encontrarme en una situación así. Eran hechos que sólo pasaban en los documentales de trastornos alimenticios que nos ponían en la escuela. No podía ser real. No quería que fuera real. ¿En qué momento me permití llegar a ese punto?

Las últimas semanas en aquel país lejos de mi hogar fueron una pesadilla. Cada día que pasaba era peor. Ya me había dado cuenta de que tenía un problema, no sabía cuál era exactamente, pero había algo en mí que no estaba bien.

En ese momento nunca hubiera pensado en anorexia. De hecho, no pensé ni admití que la padeciera hasta que pasaron muchos meses, aunque a decir verdad, fueron años. Llegué a un extremo tan horrible que, sólo de recordarlo, miles de lágrimas invaden mi rostro. Yo fui esa mujer que tantas veces puso en peligro su vida.

Supe que tenía un problema, porque no era posible que hubiera tratado de vomitar. Imposible siquiera haberlo pensado un segundo. Eso era lo único que sabía que estaba mal, sin embargo, tenía un problema mucho más grande en ese momento: los 15 kilos. Quedaban apenas un par de semanas para regresar a mi hogar, por lo que no había tiempo para meditar el episodio alarmante del baño. Tendría que multiplicar esfuerzos y cruzar los dedos para que funcionara.

Me propuse no volver a subir a la báscula hasta que llegara a mi casa en México y siguiese los consejos de los bloggeros *fit* al pie de la letra.

Las dietas extremas y los laxantes todavía parecían una buena opción. De hecho, los seguí utilizando hasta mi último día en Suiza. Me quedaban pocos días para lograr bajar esos 15 kilos y no podía dejar de intentarlo. Tenía que seguir exigiéndome.

Como te podrás imaginar, en apenas dos o tres semanas, es imposible bajar de peso. Regresé a mi casa y esos kilos de más me acompañaron. Traté de hacer todo lo que estaba en mis manos para dejarlos en Suiza, pero fracasé. Me sentía derrotada.

Después de varios meses de lucha contra un sentimiento que parecía no irse nunca y que me orilló a pensamientos y conductas inimaginables, creía que al llegar a mi hogar las cosas cambiarían. Pensaba que regresaría a esa paz y tranquilidad que tenía la joven de 17 años.

Pero no sucedió. Esa mujer ya no tenía 17, sino 18 y no podía estar tranquila, mucho menos feliz, porque se había metido en un problema que iba más allá de su comprensión.

En efecto, estaba a punto de entrar en un período de negación y apatía total que duró aproximadamente dos años. De esa etapa, no recuerdo haber tenido un sentimiento negativo, pero tampoco positivo. Es como si durante esos 24 meses hubiera flotado por la vida.

Fue la etapa del desarrollo silencioso del trastorno alimenticio. Para ese entonces, yo ya tenía varios comportamientos que señalaban claramente hacia la anorexia y la bulimia. Cualquier persona con un poco de información y que conviviera conmigo se hubiera dado cuenta, pero nadie quería hacerlo. Mucho menos yo. No podía ser anoréxica. No podía ser bulímica. De hecho, hasta esos momentos, no lo era.

Fueron dos años llenos de comportamientos y conductas automatizadas. Yo sabía exactamente lo que debía hacer, los pasos que debía cumplir para ser como 'Ana y María'. Ya los conocía a la perfección, por lo que no necesitaba repasarlos.

Así, después de varios meses de sentimientos de culpa por atracones y laxantes, decidí (inconscientemente) bloquear lo que mis valores quisieran dictarme. No debía meditar mucho lo que quería hacer. Sólo debía hacerlo. Además, si no lo pensaba, no me sentía mal, y por ende, podía continuar con las dietas extremas.

Antes de continuar con los sucesos de esos dos años y contarte cómo fueron evolucionando mis trastornos alimenticios, voy a hacer una pequeña lista de las cosas que ya estaban presentes y mostraban claramente la presencia de una enfermedad mental. Mi cuerpo ya pedía ayuda y no se la quise dar sino hasta muchos meses después.

Primero que nada, yo tenía una combinación de ambos trastornos. Y no –insisto– no es necesario ser hueso y pellejo para ser anoréxica y tampoco es indispensable vomitar para ser bulímica. Éstas son una pequeña parte de los trastornos. De hecho, yo nunca me vi esqueleto ni conseguí vomitar en el excusado.

No obstante, los comportamientos que sí llevaba a cabo y que demostraban que era anoréxica y bulímica eran las siguientes:

* Dietas estrictas
* Atracones de comida
* Contar calorías
* Excusas para no comer
* Insomnio

* Estreñimiento y sensación de indigestión
* Abuso de laxantes
* Amenorrea (ya no me bajaba)

¡Se me estaba olvidando mencionar ese dato importante! Ya llevaba como ocho meses sin menstruar. La gente muy cercana a mí creía que era por estrés o nervios.

En ese sentido, uno de los síntomas más notorios de una persona anoréxica es la irregularidad del ciclo menstrual por largos períodos de tiempo. Esto debía ser un gran foco rojo, pero estaba desconectada de mi conciencia, ¿te acuerdas?

Quiero insistir en este punto: los recuerdos de aquellos años están nublados en mi mente. Ese bloqueo fue tan fuerte que me permitió hacer cosas terribles y llegar a un punto muy bajo. Fue como si me desconectara de mí misma. Como te dije antes, me acuerdo exactamente de las cosas que sucedían, pero no sé por qué ni en qué pensaba. Sólo sé que pasó.

Pero bueno, ya estaba de vuelta en casa. Me sorprendió observar que todo estaba como lo había dejado: misma cama, mismo cuarto, misma ropa, mismos zapatos, mismo gato. La única diferencia era que 'Doris' ya no me hacía caso. Creo que se ofendió, porque la abandoné mucho tiempo.

Llegué a mi hogar con muchas ganas de sentirme mejor y dejar todas esas locuras en Suiza. Así, lo primero que hice fue agendar una cita con la nutrióloga. Tenía que solucionar ese problema.

Una vez programada la famosa cita, me encargué de reunirme con todos los familiares y amigos que tanto había extrañado.

Eran muchas cosas pasando por mi mente a la vez y me llegué a sentir abrumada con tantos pendientes y trámites que tenía que hacer para regresar a la escuela.

Comencé a desesperarme, puesto que no recordaba lo que se sentía estar rodeada de gente. Se me había olvidado lo que significaba depender de alguien para salir o ir a comprar. Quería hacer todo sola. No quería estar con nadie. Siempre que estaba con gente se me hacía difícil seguir mis técnicas para bajar de peso, así que comencé a apartarme.

Fue complicado, porque llevaba varios meses haciendo lo que quería cuando quería, lo bueno y lo malo. Era como si me hubiesen subido el nivel de dificultad en el juego. Sabía que si alguien sospechaba o me veía haciendo algo que ellos consideraran incorrecto, se iban a asustar. Yo ya no veía mal mis conductas anoréxicas o bulímicas, pero algo en mi corazón me decía que no podía permitir que alguien más se diera cuenta, porque las demás personas sí lo verían mal.

Finalmente llegó el día de ir con la nutrióloga. Me dio una lista enorme de cosas para comer. Eran demasiadas. No quería probarlas todas, aunque ella aseguraba que no me pasaría nada y que no subiría de peso.

Sin embargo, cuando me daban atracones, olvidaba las promesas de *no comer nada* y me tragaba el menú entero, en especial los alimentos *sin culpa*, es decir, frutas o *snacks* que podía comer sin límite durante todo el día.

Creo que fue un error usar el término *sin culpa* conmigo, ya que, aunque mis atracones estaban llenos de esos productos que no me harían engordar, al final ingería tanta comida que la angustia aparecía y tomaba laxantes como si no hubiera ido al baño por un mes.

Por otro lado, la nutrióloga me pidió hacer cardio. Todavía me acuerdo de las especificaciones: mínimo 30 minutos, tres veces por semana, con la caminadora a 3.7 millas por hora.

Tenía que encontrar un gimnasio. ¿Te acuerdas que odiaba hacer ejercicio? Bueno, me metí a un gimnasio pequeño. Apenas tenía dos caminadoras y un salón en el que daban clases de pilates de ocho personas.

Con esta dieta *sin culpa* y mis 30 minutos de cardio, continué con la estrategia para bajar esos 15 kilos.

Para mí, el problema grave era que no lograba bajar de peso. Pensaba en eso todo el día. Hasta en las noches. No dormía. Pero a mi mamá le preocupaba otro asunto: la falta de menstruación. Seguro te estás preguntando: ¿por qué sabía eso mi mamá? Bueno, porque al yo estar desconectada de mi conciencia, nunca pensé que esto fuera un síntoma de la anorexia, así que no había nada de malo en que ella lo supiera.

Fui al ginecólogo. "¿Te alimentas bien?", fue una de las primeras preguntas. Evidentemente, al yo estar a dieta y ocultarle todas las técnicas extremas a mi madre, lo primero que ella dijo fue algo así como: "Sí, doctor, hasta está yendo con una nutrióloga y come todo lo que ella le dice".

Aquel médico se mostró preocupado y nos explicó que uno de los principales factores por los que desaparece la regla es la falta de comida o la mala alimentación, pero al estar descartado esto, estuve en tratamientos hormonales un año entero. No había hormonas ni sacadas de sangre que la hicieran regresar hasta que, finalmente, entre tantas pastillas, análisis y visitas al doctor, la menstruación volvió. Tardó aproximadamente ocho meses.

¿Te das cuenta a qué punto había llegado? ¿Sí? Pues yo hasta ese momento no. Inclusive estaba dispuesta a alterar la química de mi cuerpo y a tomar hormonas con tal de no enfrentar lo que en realidad estaba viviendo. No quería aceptarlo. Ni siquiera me pasaba por la mente.

Estuve varios meses con la nutrióloga. Caminaba mis 30 minutos a 3.7 millas por hora, tres días a la semana. Comía todos los alimentos *sin culpa* que podía. Tomaba laxantes. Seguía con mi plan de alimentación al pie de la letra.

Y cuando te digo al pie de la letra es literal. Seguía aquel menú con una exactitud que asustaba. Fue una de las pocas conductas que recuerdo que realmente atemorizó a mis papás. De hecho, si estaba en una fiesta, comida o cena, llevaba en envases lo que tuviera que comer en ese momento según la nutrióloga. No me permitía romperla. Ni siquiera un pequeño instante.

Cada vez se volvió más complicado seguirla, ya que hubo ocasiones en las cuales no podía controlar lo que se servía para comer. Lo único que me salvaba era que la nutrióloga me daba permiso de comer lo que quisiera dos veces por semana. Por supuesto, estas comidas se volvían unos atracones horribles de dos horas. Me metía a la boca todo lo que podía.

No obstante, cuando ya había utilizado esas dos comidas libres, mi semana era un infierno. Si no había en la reunión lo que debía comer, mi mundo colapsaba. Tenía que bajar de peso y simplemente no iba a fallar una vez más.

Después de algunos meses, cuando ya había bajado cinco kilos, la nutrióloga me dijo que ya había alcanzado mi peso ideal y que no debía regresar a otra cita ni continuar con la dieta. ¿Había escuchado mal? Todavía me faltaban 10 kilos. No podía ser posible que me estuviera dejando sola. ¿Cómo iba a bajar ese peso extra? Con todo y el estrés por seguir la dieta a la perfección, ésta había sido la única forma de iniciar mi regreso a la *normalidad*. Esos alimentos *sin culpa* no se podían acabar: era mi manera de seguir comiendo sin subir de peso.

No quería dejar la dieta. No podía hacerlo. Todos me decían que me veía bien. Pero yo no me veía bien. Quería pesar 40 kilos otra vez.

Un aspecto que la nutrióloga no sabía era que tengo memoria fotográfica para las cosas que me interesan. De esta forma, aprendí todas sus dietas a la perfección y las iba a seguir hasta que bajara 10 kilos más. Nadie se debía enterar. Era algo que podía hacer yo sola. Además, cada vez que mencionaba que quería seguir bajando, las personas me regañaban y se ponían de un humor muy extraño. Otra vez estaba sola en esto.

Al ser oficialmente liberada de la nutrióloga, mi mamá dejó de comprar la comida necesaria para seguir la dieta. Esto al principio fue un problema hasta que se me ocurrió decirle que me encantaban todas esas gelatinas sin calorías y flanes que casualmente resultaban ser los *sin culpa*. Poco a poco, el refrigerador se empezó a llenar de comida *libre* otra vez.

Seguir la dieta era un poco más complicado, porque nadie sabía que la estaba haciendo. No podía decirlo. Estaba cansada de todos los comentarios sobre mi peso y odiaba que opinaran sobre el asunto.

Como sea, si mencionaba la palabra dieta, no dejaban de llegarme comentarios horribles de "estás súper flaca", "te ves muy bien", "ya quédate así por favor, estás muy flaquita". Pues sí, sí estaba haciéndolo: 3.7 millas por hora, 30 minutos, tres veces a la semana. También tenía atracones, muchos. Tomaba laxantes. Me dolía la panza y no hacía digestión, pero no era suficiente.

Dietas extremas, contar calorías mentalmente todo el día, 3.7 millas por hora, 30 minutos, tres veces a la semana.... daba igual. Tenía que hacer más cosas.

Un día decidí entrar a la clase de pilates que había en mi pequeño gimnasio. Era una clase muy tranquila, no implicaba mucho esfuerzo, y lo mejor de todo, es que decían que era excelente para tonificar.

Pasaron los meses. Las clases de pilates empezaron a dar resultados, o al menos, eso me contaban. Honestamente yo no veía ninguna diferencia, pero si la gente decía que funcionaba, lo iba a seguir haciendo, porque te recuerdo que yo ya no podía confiar en lo que veía en el espejo. Luego entonces, quizás si los demás lo decían, podía ser cierto. Había dejado de ser alguien en quien yo pudiera confiar. En realidad, ya no creía en mí.

Te dije que todo esto fue como si hubiera estado en un trance de dos años, ¿te acuerdas? Bueno… lo poco que recuerdo sobre mis sentimientos en ese momento, es que trataba de parecer lo más feliz que pudiera. Estaba en el último año del bachillerato, no tenía mayores actividades ni preocupaciones en mi vida diaria, por lo que traté de no descuidar nada. Todo el tiempo pensaba en la comida y en cómo cuidar todo lo que me metía a la boca.

No obstante, a diferencia de la estancia en Suiza, no tenía llantos repentinos, no sentía que colapsaba ni tampoco estaba deprimida. En ocasiones, estaba triste un par de días, pero asumía que eran sensaciones comunes de cualquier joven adulta. Además, trataba de no sentir, ya que, si lo hacía, entonces sí, todo, absolutamente todo, se podría salir de control.

Los minutos de ejercicio fueron aumentando. Ya no eran 30 minutos. Eran dos horas. Ya no eran tres días a la semana. Eran cinco.

Terminé el bachillerato. Lo concluí bien, de hecho, muy bien. Fui uno de los mejores promedios de la generación. Me aceptaron en la universidad que quería. Todo estaba excelente o, al menos, eso parecía ante las personas que me rodeaban.

Al respecto, sólo puedo adelantar que yo siempre había creído en el amor. Ya sé, sonó muy cursi, pero en serio, siempre tuve la ilusión de que existe para cada persona un amor tan grande y maravilloso que hace más fuerte a la pareja para que juntos puedan hacer todo lo que se propongan.

Lo más importante es que esta persona se convierta en tu motor de vida, en tus ganas de luchar y salir adelante, mientras que tú te conviertes en el suyo. Éste es un compañero de vida que te da la fuerza para enfrentar cualquier cosa, que alegra tus días y se convierte en esa sonrisa con la que despiertas todas las mañanas.

No, no había conocido a esa persona, pero creía que algún día lo haría. De hecho, salí con varios hombres tratando de encontrarlo. Iba por cafés o al cine, pero ninguno sacudía mi mundo. Aquello nunca duraba más de dos citas, y aunque tuve un novio en el primer año del bachillerato, éramos muy jóvenes, y como casi todas las relaciones a esa edad, terminó por una inmadurez. Aún no había encontrado a mi compañero de siempre y para siempre.

Un viernes por la noche, un amigo me llamó por teléfono. Quería que fuera con él a un antro. Me dijo que iba a ir con su grupo de amigos y que uno de ellos quería conocerme. La verdad nunca rechazaba esas oportunidades. Ciertamente, no tenía esperanza de que fuera a encontrar al amor de mi vida en uno de esos lugares, pero no perdía nada con ir. Era una oportunidad para conocer a personas nuevas, y tal vez, encontrar ahí a mi gran amor. Prefería ir a conocer a sus amigos y saber que lo intenté, a no aceptar la invitación y quedarme con la duda sobre si pude o no haber coincidido con el hombre ideal.

Así conocí a Mateo. Y no, no pasó nada interesante. Me invitó a salir un par de veces y lo rechacé en todas las ocasiones.

De vuelta a la vida académica, la universidad se volvió más complicada al final del primer semestre. Comencé a trabajar, así que cada vez me era más difícil hacer una hora de cardio y otra de pilates. A decir verdad, ya ni siquiera llegaba a la clase de pilates. Salía tarde de la oficina, y con el tráfico horrible que había a esa hora, me era verdaderamente imposible llegar. Mi rutina de ejercicio estaba arruinada.

Tenía que encontrar una solución a este problema, porque cada día que pasaba y no hacía ejercicio, se volvía un martirio.

Al notar el estrés que me causaba llegar tarde a la casa, mi mamá me recomendó entrar al gimnasio. Ahí no tendría horario y podría hacer pesas todo el tiempo que quisiera. Odiaba las máquinas, pero aquella era mi única opción. Tenía que obligarme a agarrarles cariño.

Conforme fueron pasando las semanas, el gimnasio se volvía una opción cada vez mejor. Comencé yendo media hora, no obstante, poco a poco, fui agregando más tiempo hasta lograr hacer dos horas de ejercicio. Por supuesto, la mejor parte es que podía ir a la hora que quisiera. Todas las noches me quedaba en el gimnasio hasta muy tarde. En ocasiones, hasta me dejaban las llaves para que yo cerrara, porque inclusive la recepcionista ya se había ido. No me importaba: el gimnasio se volvió mi nuevo refugio y daba igual que yo tuviese que hacerme responsable de dejar todo bajo llave a eso de las 10 de la noche.

Comenzó el segundo semestre de la carrera, el segundo de 10. Faltaban exactamente cuatro años y medio para terminarla. Cada día que pasaba lo sentía más eterno, como si esos períodos faltantes se fueran haciendo cada vez más largos.

Mi rutina no me dejaba descansar: iba a la escuela muy temprano por la mañana, regresaba a mi casa, comía, iba al trabajo, regresaba a mi casa, hacía la tarea, iba al gimnasio, me bañaba y me dormía. Terminaba exhausta, pero el insomnio era cada vez peor y no lograba descansar.

El estrés aumentó cuando, después de seis meses en el gimnasio, yo no notaba ningún cambio, a pesar de que el resto de mis compañeros sí percibía avances. Entre mis entrenamientos, escuchaba a mis amigas platicando sobre esto. Y yo, ¿por qué no estaba tonificando? Me veía igual a cuando empecé. Tenía que hacer algo.

Le rogué a mi mamá que me volviera a llevar a la nutrióloga. Le di un discurso bien planeado: no era posible que llevara tanto tiempo en el gimnasio y no estuviera tonificando. Probablemente era porque comía mal y necesitaba más proteína. Por eso era necesaria la opinión de aquella experta. Ella me enseñaría a comer de acuerdo con mi nuevo estilo de vida deportista.

En el fondo, sólo quería más opciones de comida *sin culpa*, porque se me estaban acabando. Los atracones de gelatina sin calorías y flanes ya me cansaban y no estaban dando resultados. Tal vez en esta ocasión me recomendaría una dieta más efectiva, porque hacía mucho más ejercicio que la primera vez que pisé aquel consultorio.

Salí encantada de la primera cita. La nutrióloga me felicitó por aquel nuevo estilo de vida lleno de ejercicio y me dio una lista de alimentos que me ayudaría a tener un cuerpo saludable. Además, resultó que había logrado mantener mi peso. No había subido nada desde la última cita.

Ciertamente, todavía me faltaban esos 10 kilos que yo quería bajar desde la última vez que visité aquel consultorio, pero la nutrióloga tenía otra idea: el objetivo ahora era cambiar las proporciones de grasa por músculo. El número de kilos –me explicó– seguiría siendo más o menos el mismo, ya que, aunque reduciríamos la grasa, el músculo, que pesa más, aumentaría.

Comenzó de nuevo el martirio de seguir la dieta a la perfección. Esta vez fueron cinco meses. Una vez más, escondía comida *sin culpa* en mi bolsa cada vez que iba a una reunión y no comía si lo que se servía no estaba en mi lista de alimentos dietéticos.

Sin embargo, era tal la ansiedad, que los atracones de comida se volvieron más intensos. Esas dos comidas libres a la semana eran un exceso. Sólo de recordarlo vuelvo a sentir el estómago lleno. Claro está, intentaba que estos atracones no ocurrieran enfrente de la gente, pero a veces pasaban e intentaba disimular, puesto que normalmente iniciaban en un restaurante.

Toda la semana pensaba qué tipo de comida se me antojaba y me organizaba con mis papás para ir al lugar que la ofreciera. Pedía una entrada, un plato y un postre para mí solita. Era bastante, aunque parecía normal.

Al regresar a casa, y apenas mis papás se metían a su cuarto, corría a la cocina para comer todo lo que viera y estuviese a mi alcance. Cuando ya no podía comer ni un bocado más, iba a mi cuarto, me ponía el pijama y tomaba los laxantes correspondientes.

Pasaron algunas semanas. Un domingo de mayo, mientras me arreglaba para ir a comer con mi familia para celebrar mi cumpleaños, me llegó un mensaje.

—¡Hola, Winny! ¿Te acuerdas de mí?— leí en la pantalla.

¡Claro que me acordaba de él! ¿Cómo podía olvidarlo? ¿Cuántas veces lo había rechazado? Ya ni me acordaba. Fueron bastantes. Sí, era el mismo chico insistente que conocí en un antro meses atrás. ¿Qué había sido de su vida? No tenía idea, pero creo que tenía novia... bueno, hasta hacía unos días, recordaba haber visto una foto en su perfil con alguien que parecía serlo... ¿Por qué me estaba mandando un mensaje?

—Feliz cumpleaños. Espero que te la pases muy bien.

¡Ahhhh! ¡Eso era! Quería felicitarme por mi cumpleaños. ¡Honestamente qué bueno! Estaba segura de que tenía novia, y aunque no tuviera, ¿por qué hablaría con él? Estaba guapo, pero no me daba buena espina. Sentía que era el tipo de persona con el que no podría estar. Ya había intentado salir con personas como él: hombres que están guapos y lo saben, chicos que son buena gente y te tratan como princesa.

Pero no, ninguna de esas historias había acabado bien en mi caso. A decir verdad, terminaron bastante mal. No podía caer en el engaño del príncipe azul una vez más. Estaba segura de que él no era mi tipo de persona. No podía ilusionarme otra vez. Ya había comprobado varias veces que ese príncipe perfecto no existía.

Pese a todas las ideas acerca del amor que te mencioné anteriormente, creo que me había vuelto pesimista y no quería exponerme otra vez. Estaba negada a abrirle el corazón a otra persona.

Por otro lado, recuerdo que mi cumpleaños número 20 fue un éxito. Traté de pasarlo rodeada de gente que me hacía feliz y celebrar lo más que pudiera. Festejé todo un fin de semana. Y sí, dejé mis comidas libres para esos días e hice varios atracones con mis platillos favoritos, pero bueno, estaba permitido.

Procuré que todo pareciese increíble en mi vida, sin embargo, no recuerdo con exactitud lo que sentí en aquel momento. Cumplía 20 años, de los cuales dos años y medio sufrí un trastorno alimenticio que nadie conocía. No era feliz, pero nadie parecía notarlo. Yo tampoco quería hacerlo. Me gustaba fingir que tenía todo bajo control. Nadie podía imaginar que estaba a punto de perder la cabeza.

Pasaron los días. Era la semana de exámenes finales en mi escuela. Estudiaba, presentaba examen, iba al gimnasio dos horas, seguía una dieta estricta, iba a trabajar, estudiaba, me dormía. Los días pasaban lentamente.

—¡Hola!, ¿qué vas a hacer este sábado?

Poco después de mi cumpleaños aquel individuo decidió volver a aparecer. Como ya había escrito, su nombre era Mateo y regresaba (otra vez) con ese mensaje de texto. La verdad me daba mucha flojera. No quería salir con él. Lo había rechazado varias veces, ¿no había entendido que no quería nada? Además, todavía estaba la situación de la supuesta novia... ¿Por qué seguía insistiendo?

Me llegó otro mensaje. ¿Había leído bien? ¿Por qué me estaba invitando a la playa con sus amigos? Bueno, algunos de ellos eran mis amigos también, pero tenía novia, así que lo rechacé una vez más. Le dije que no podía, porque era el cumpleaños de mi abuela.

—Bueno, si no puedes este fin de semana, te invito a cenar el próximo— decía a través del WhatsApp.

Definitivamente quería salir conmigo. Y no, ya no tenía novia.

No quería arriesgarme a salir con otro patán. Él parecía ser demasiado increíble como para ser verdad. Si aceptaba salir con él, probablemente resultaría igual de mal que otras ocasiones. Pero no podía rechazarlo otra vez: pobre, ya me había invitado a salir varias veces. Además, luego de fracasar en su relación anterior, regresó nuevamente para intentarlo conmigo, aunque ya sabía que yo no quería nada con él.

Me daba mucha pena decirle que no e insistió tanto que terminé por aceptar. Pero no quería caer en su juego. No iba a aceptar a un idiota más en mi vida. No era el momento. Tenía demasiadas cosas en la cabeza como para llorar por una relación más arruinada.

Iba a ser una salida y ya. No volvería a aceptar otra. Ahí se iba a acabar la historia con este príncipe ficticio que estaba tratando de conseguir un objetivo, cualquiera que éste fuera.

Así de desconfiada me había vuelto. No creía que nadie se estuviera acercando a mí, porque le pareciese interesante, porque quisiera conversar conmigo o simplemente para ser amigos. Pensaba que todos y todas trataban de aprovecharse de mí de alguna manera. No me gustaba abrirme ni platicar mucho con las personas que me rodeaban. Suponía que únicamente querían obtener información para luego lastimarme.

—Entonces nos vemos el viernes. A las nueve de la noche paso por ti.

Por alguna extraña razón, esa semana se me pasó muy lenta, más de lo normal. Estaba muy nerviosa. Mi corazón latía muy fuerte cuando pensaba en la cita del viernes. Elegí la ropa que usaría desde el lunes. Estaba emocionada y nerviosa al mismo tiempo. Era como si supiera que ese viernes mi vida cambiaría.

No recuerdo haber pensado en la comida esa semana ni recuerdo haberme preocupado por mi imagen. Fui al gimnasio como de costumbre y dejé mi comida libre para la cita del viernes. Estaba tan concentrada en la salida con Mateo, que al menos por esos días, el tema de la alimentación pasó a segundo plano.

El viernes 27 de mayo de 2016 a las 9:00 PM conocí al amor de mi vida. Ya lo había visto, ya lo había rechazado, pero ese día era diferente: tenía algo especial, como si el destino me hubiese preparado un regalo y me lo hubiese llevado directamente hasta mi puerta, justo en el momento indicado. Era mi salvavidas número uno y él ni siquiera lo sabía.

Yo tampoco lo supe en ese momento exacto, pero te puedo asegurar que sentí una tranquilidad enorme cuando lo vi parado frente a mí. Todo ese nervio que había sentido durante la semana desapareció al instante, como si alguien me dijera: "Estás a salvo".

Y realmente lo creí. Sentía una paz enorme al estar cerca de él y apenas era la primera cita. Nos la pasamos tan bien, que terminamos sentados en un parque a las dos de la mañana compartiendo un bote de helado con dos cucharas.

Aquella primera cita fue mágica, como si los dos hubiéramos encontrado eso que llevábamos toda una vida buscando. Hablamos sobre nuestras familias, nuestras metas en la vida, nuestros valores, pero sobre todo hablamos honestamente sobre lo que buscábamos en nuestra pareja y lo que queríamos construir con nuestro compañero de vida. Pensábamos igual. Nunca había conocido a alguien que pensara tan parecido a mí en este aspecto.

Cuando finalmente llegó la hora de regresar a mi casa, una sensación de no querer despedirme de él invadió mi ser. Quería volver a verlo. No sabía cuándo iba a suceder, pero no podía pasar mucho tiempo. No quería que se quedara en una cena más. Quería intentarlo con él. Era demasiado bueno para ser verdad, pero por primera vez, algo me decía que ese *demasiado bueno* sí era real y quería comprobarlo.

No recuerdo con exactitud qué fue lo que dije, pero lo invité a salir el sábado. Sí, un día después de nuestra primera cita. No sé por qué lo hice. Simplemente las palabras salieron de mi boca de forma automática. Quería estar segura de que lo vería una vez más. Y así lo hice. Al día siguiente, me acompañaría a una fiesta.

Ese fin de semana cambió mi vida. Ni él ni yo sabíamos lo que pasaría el siguiente año, pero definitivamente había llegado a mi mundo para sacudirlo. Él me dio razones para levantarme todos los días y luchar. Me dio la fuerza necesaria y las ganas de vivir. Pero eso todavía no lo sabíamos. Tan sólo nos estábamos conociendo.

El tiempo fue pasando, y entre Mateo y yo, las cosas cada vez salían mejor. Las citas se fueron dando más seguido. Hablábamos todos los días. Fue adentrándose en mi vida. Comenzó a ir a mi casa por las noches a sentarse horas en el sofá y platicar conmigo. Por mi parte, yo empecé a apoyar a sus equipos de la NBA. Veía todos los partidos. Me sentía segura con él y consideraba que era la persona indicada, pero inclusive con todos esos sentimientos, tenía miedo. No quería involucrarme con alguien que me rompiera el corazón. No podría soportarlo una vez más.

Cada día que pasaba esperaba con ansias la próxima vez que estaría con Mateo. No importaba si era para ir a tomar un café, por un helado o para ver partidos de la NBA. Simplemente quería estar con él.

Mateo y yo nos hicimos novios a los dos meses de estar saliendo. Él dice que salimos como tres meses y medio antes de ser una pareja formal, pero es mentira: fue exactamente cinco días antes de cumplir dos meses desde nuestra primera cita. Por cierto, me pidió ser su novia de la manera más romántica e inesperada del mundo…

La semana anterior, me había ido de viaje, y justo cuando nos estábamos despidiendo, me regaló un libro para que pudiera leer en el avión. Cuando llegué al aeropuerto, abrí el libro. Adentro había una carta con dinero. Mateo me estaba deseando un excelente viaje y me pedía que me comprara el vestido más bonito que pudiera encontrar. Y eso fue exactamente lo que hice: me compré un vestido rojo de encaje que tenía una apertura en la espalda.

El mismo día que regresé a la ciudad, Mateo me pidió que saliéramos a cenar. Sólo ponía una condición: debía usar el vestido nuevo. Fuimos a uno de mis restaurantes favoritos, y justo cuando iba a pagar la cuenta, me dijo que había dejado la cartera en el coche y que debía ir por ella. Obviamente para que no nos maten los del restaurante, yo me quedé en la mesa esperando. A los pocos minutos regresó, pagamos la cuenta y nos fuimos.

Abrí la puerta del coche y había un ramo de flores, un peluche, una carta y una computadora. La carta decía que debía encender la computadora y poner *play*. Prometí que no le contaría a nadie lo que había en la computadora, así que sólo te voy a decir que era un video, uno que vi muchas veces, sobre todo cuando estaba en mi peor momento, porque me recordaba el amor que él sentía por mí y que me impulsaba a seguir hacia adelante.

A la fecha, todavía veo ese video, pero no por esa razón. Hoy día, mi corazón se llena de felicidad al verlo, porque me recuerda que hubo alguien que pudo amarme cuando ni siquiera yo misma podía quererme.

Desde el comienzo de nuestra relación, Mateo y yo nos llevábamos muy bien. Parecía que nos conocíamos desde hace mucho tiempo. Teníamos una confianza total en la otra persona. Nos apoyábamos en todo y nos divertíamos muchísimo juntos.

Cuando comenzamos a salir, le conté que estaba a dieta y no era mentira. Hacía algunos meses había regresado con la nutrióloga, ya que quería que me enseñara a comer para poder tonificar en el gimnasio.

Mateo fue muy comprensivo con este tema. Recuerdo que al principio de nuestra relación cada lunes planeábamos que días de la semana serían nuestras comidas libres. Tenía dos, ¿te acuerdas?

Nos coordinábamos a la perfección. Los lunes elegíamos los dos días que serían los indicados para cenar lo que quisiéramos y nos cuidábamos el resto de la semana. Hablábamos de comida con frecuencia, para que cuando llegara el momento del *menú libre*, ya supiéramos qué se nos antojaba más.

Seguíamos la dieta meticulosamente y disfrutábamos cada una de nuestras comidas libres. Hablo en plural, porque a Mateo le encantaba seguirme la corriente. Parecía que los dos estábamos cuidándonos. De hecho, él decidió ponerse a dieta igual que yo. La única diferencia es que él no iba al gimnasio.

Parecería que todo había mejorado, ¿verdad? Incluso creo que hasta podrías pensar que los problemas desaparecieron del todo, ¿no? Vaya, por algo, durante un buen rato, no he mencionado nada acerca de mi situación.Y sí, el amor me hacía muy feliz, aunque en el aspecto alimenticio, la pesadilla estaba por ponerse más y más fea.

Al paso de unos meses, llegó el día que más temía.

—¡Felicidades! ¡Llegaste a tu peso ideal! ¡Te graduaste una vez más! ¡Ya tienes cuerpo de *Barbie*, no tienes que regresar! Lo más importante es que aprendiste a comer saludable.

¡Qué equivocada estaba esa mujer! Ni había aprendido a comer sano y tampoco tenía el cuerpo de una *Barbie* ¡Imposible! Faltaba mucho por tonificar, muchos kilos que bajar y mucha comida *sin culpa* por comer. No podía estar haciéndome eso una vez más.

Antes de dejarme salir por esa puerta del consultorio, la nutrióloga me dijo que tenía unos *tips* muy importantes para compartirme, porque sabía que ya había aprendido a comer. Esos consejos evitarían que regresara a consultar con ella, ya que eran la clave para cualquier dieta.

¡No sabes cuánto quisiera regresar el tiempo y no escuchar esos consejos! Si hubiera sabido el mal que me harían, hubiera corrido lo más rápido que pudiera fuera de ese consultorio, pero no lo hice y escuché con atención todo lo que la nutrióloga me quiso decir.

—Lo importante es no pasarte de tus calorías necesarias del día. Tu objetivo son mil 800 diarias, porque haces mucho ejercicio, sin embargo, la clave para no subir de peso, es que de estas mil 800 calorías, sólo 600 sean de carbohidratos, porque éstos son los que nos hacen engordar— me explicó.

Fue un grave error decirle a una bulímica y anoréxica esa información. Ahora tenía un objetivo nuevo: mil 200 calorías por día, porque, sin autorización de nadie, decidí eliminar esas 600 que tendrían que ser carbohidratos.

Así terminó mi experiencia con la nutrióloga. Con aquel mensaje, tan positivo para algunas personas, pero tan dañino para una mujer con aquellos padecimientos.

Mateo brincó de alegría cuando le dije que no tenía que regresar a la nutrióloga ni hacer más dietas. Creo que él era el más feliz de mi *graduación alimenticia*. Significaría que ya no tendríamos que cenar ensaladas. Podríamos comer lo que quisiéramos todos los días.

Esta segunda *graduación* de la nutrióloga se me hizo mucho más difícil que la primera. Ahora, mi alimentación únicamente dependía de mí en los desayunos y las comidas. Las cenas dependían de Mateo. Lo quería tanto y me gustaba tanto darle gusto, que él elegía lo que cenaríamos, por lo que siempre nos preparábamos cosas deliciosas y llenas de calorías.

Sin embargo, cada día que pasaba, la angustia crecía. No estaba siguiendo las dietas que ya me había memorizado. No podía depender de lo que Mateo quisiera cenar, pero tampoco podía hacerlo sentir mal y pelearme por no querer comer.

Además, contaba con una nueva información. Sólo mil 200 calorías. Nada de carbohidratos, y en caso de haberlos, tendrían que estar incluidos en la raquítica cifra de arriba.

Decidí adaptar mi estrategia una vez más. Mi situación había cambiado. Tenía una relación por la que valía la pena dar todo, obtenía excelentes calificaciones en la universidad y trabajaba por las tardes.

Poco a poco, más responsabilidades empezaron a llegar a mí. Tenía que idear una estrategia que me permitiera hacer todas estas cosas, pero al mismo tiempo, seguir bajando de peso. Y lo más importante: no volver a subir ningún kilo más.

Descargué la aplicación para contar calorías una vez más, la misma que utilicé por primera vez cuando me encontraba en Suiza. Sólo que, en esta ocasión, hice un ajuste a los parámetros sobre mis metas diarias. Mil 200 calorías diarias máximas, de las cuales, únicamente 200 podían ser carbohidratos, aunque, en caso de que pudieran evitarse, no comería ninguno a lo largo del día.

Ésta sería la estrategia que me permitiría mantener una buena relación con Mateo, y al mismo tiempo, cuidar mi estilo de vida saludable para seguir tonificando en el gimnasio y no perder lo que, según la gente que me rodeaba, ya había conseguido.

Quiero terminar aquí este capítulo, sin embargo, antes de continuar, me gustaría hacerte una aclaración.

Gran parte de este apartado giró en torno a haber encontrado al amor de mi vida, pero, ojo, esto no fue porque yo haya tenido un momento de paz conmigo misma.

Haber encontrado a Mateo (o que él me haya encontrado a mí), fue una de las mejores cosas que me pasaron en la vida. Llevaba varios meses sintiendo que nada importaba. Nada me hacía feliz, pero tampoco nada me hacía sentir triste. Exclusivamente tenía una meta en la vida: bajar de peso. Mi existencia giró únicamente en torno a eso durante aquellos dos años.

La aparición de Mateo fue uno de los sucesos más importantes para mí. Fue tan significativo que, de pronto, sentí la necesidad de cuidarlo y hacer todo para que nuestra relación funcione. Tal como lo pinté en este capítulo, lo único que quería que importara era mi relación con él, porque después de una larga búsqueda, había encontrado algo por lo que valía la pena luchar.

El trastorno alimenticio pasó a segundo plano. No quería que fuera relevante en mi vida, pero al ser un problema tan grave, por más que traté de olvidarlo, al final siempre regresaba, por eso lo vuelvo a mencionar en las últimas hojas de este capítulo.

Mateo llegó a mi vida como un salvavidas, no sólo por la parte romántica de ser la persona indicada que tanto soñé, sino porque me permitió ser vulnerable. Él me dio la base de un amor tan fuerte que estaría dispuesto a aguantarlo todo. Me dio las ganas de luchar y también las ganas de olvidar todo acerca de los trastornos alimenticios. Me dio la fuerza para caer y levantarme. Me dio razones para ser feliz después de meses de no querer sentir nada.

Por eso era tan importante para mí hablar del inicio de esta relación. Literalmente, tal como lo demostré en este capítulo, llegó a mi vida en medio del caos para convertirse en el salvavidas de la tormenta que se avecinaba.

CAPÍTULO CUATRO

UNA MANZANA AL DÍA

Peso: 47 kilos

Mil 200 calorías al día. Grave error decirle eso a una anoréxica que, además, era bulímica, pero claro, ¿cómo podía saberlo la nutrióloga? El caso es que ese comentario quedó grabado en mi mente: mil 200 calorías y sólo 200 carbohidratos.

Mi vida giraba en torno al número de calorías que consumía durante el día. Cada vez que terminaba de comer algo, me escondía para poder anotarlas. Lo hacía, porque no quería que nadie lo viera. Ciertamente, no pensaba que fuera extraño. Veía normal que alguien quisiera cuidar su cuerpo, pero no sé... me daba miedo que alguien supiera que contaba todas las calorías. Tal vez porque quería evitarme la plática sobre mi peso o quizás porque estaba cansada de escuchar qué era lo correcto. Me había hartado de las caras de la gente que juzgaba mi comportamiento. No estaba dispuesta a recibir otro discurso sobre qué hacer y qué no hacer con mi cuerpo. Podía cuidarme sola.

Pasaron los meses y pude mantener mi rutina a la perfección. Cero carbohidratos en el desayuno, ir a la universidad, cero carbohidratos en la comida, ir a trabajar, quemar 250 calorías haciendo cardio, ver series con Mateo, cenar las 200 calorías de carbohidratos permitidas. Todo esto sumaba apenas mil calorías. Ya lo tenía todo controlado.

Y sí, leíste bien. Durante un par de meses, mi ingesta diaria no pasaba de las mil calorías. Muy de vez en cuando alcanzaba las mil 100. Cuando esto sucedía, me encargaba de quemar 350 más en el gimnasio para que me quedaran un total de 750.

Se supone que debía consumir mil 800 o, al menos, eso había dicho la nutrióloga, pero mi dieta diaria estaba en un promedio de 900 y yo me sentía orgullosa de mis logros. Estaba muy por debajo de la ingesta recomendada y no me costaba trabajo llevar ese estilo de vida. Había encontrado mi rutina perfecta, la que no afectaba mi rendimiento académico, mi vida en el gimnasio, mi esfuerzo en el trabajo ni mi relación con Mateo. Finalmente, todo estaba bajo control.

No obstante, a los pocos meses de iniciar mi segundo año de carrera, sucedió algo que arruinaría mi rutina para siempre.

Era domingo. Como de costumbre, Mateo me mandó un mensaje apenas se despertó. Nos pusimos de acuerdo sobre la hora en la que nos veríamos para comer. Los domingos, Mateo iba temprano a mi casa. Preparábamos nuestra comida y nos tirábamos toda la tarde a ver series en el sofá. Era el mejor día de la semana. Únicamente nos abrazábamos y veíamos Netflix hasta que se cansaran nuestros ojos y fuera hora de irnos a dormir.

Sin embargo, aquel domingo fue un poco diferente. No recuerdo qué comimos ese día, pero sí lo que sucedió. Mientras Mateo terminaba de preparar la comida, me metí a la alacena con mi celular para tomar un jugo de manzana, y de una vez, anotar todas las calorías que estaba a punto de consumir.

Estaba terminando de teclear todo, cuando sentí que alguien me estaba abrazando y llenando de besos la mejilla. Bloqueé rápido el celular y le seguí el juego. Amaba cuando se ponía así de romántico.

Supuse que no había visto nada de mi celular, porque, sin soltarme ni un segundo, me llevó a la cocina. Estábamos muertos de risa, con esas carcajadas llenas de complicidad que tienen el poder de llenarte de alegría en tan sólo unos segundos.

Terminamos de cocinar. Tomé los platos de comida para llevarlos a la sala. Mateo se encargaría de los vasos. Justo cuando comencé a caminar hacia el famoso sofá, sentí cómo alguien metía la mano a la bolsa de mi pantalón y robaba mi celular.

—¿Qué tanto veías en tu teléfono?

Sentí como mi corazón se detuvo. No quería mentirle. Nunca lo había hecho y no quería comenzar a hacerlo. No supe qué decir. No me dio tiempo de pensar en ninguna excusa. Mateo ya había desbloqueado mi celular y estaba investigando la aplicación. En la desesperación de querer bloquear el teléfono, olvidé cerrar la *app*.

Mateo estaba impactado. Fue pasando día a día el calendario de calorías. Creo que no sabía qué decirme. Se quedó en silencio un buen rato. Bueno, quizás fueron unos cuantos segundos sin decir nada, pero para mí, pasaron tan lento que parecieron dos horas.

—¿En serio sólo consumes 900 calorías al día?

Ahí estaban las preguntas incómodas otra vez. La única diferencia era que en esta ocasión venían de Mateo. No quería contestar. Quería escapar de ahí, pero sabía que me amaba. No podía mentirle ni dejarlo con la duda. Además, se veía realmente preocupado.

Le dije que sí, que efectivamente sólo consumía esas calorías al día, pero que no tenía que preocuparse, porque hacía mucho ejercicio y esas pocas calorías provenían únicamente de comida saludable. Mi salud estaba en perfecto estado.

Mis palabras sólo lo preocuparon más. No parecía estar satisfecho con la respuesta que obtuvo. Le dije muchas cosas más, tantas que ni siquiera las recuerdo. No creyó en ninguna de mis palabras. Seguía viendo mi calendario. Pasaba los días. Contaba cada uno de mis alimentos. Estaba impactado.

La desesperación empezó a invadirme. No quería asustarlo, pero tampoco sabía qué decirle. No quería que siguiera viendo esa aplicación. No le estaba gustando lo que veía y a mí me estaba poniendo en una situación incómoda.

—¿Sabía que su hija no está comiendo? Lleva tres meses así.

Lo que me faltaba. Mi mamá acababa de entrar a la cocina y Mateo le estaba contando todo. Quería llorar. ¿Por qué me estaba traicionando de esa manera? La desesperación se transformó en enojo. Estaba furiosa.

Mi mamá también parecía tener ganas de llorar. Pero... ¿por qué lo haría? Nadie estaba juzgando su estilo de vida. Mi mamá pasó por los días de aquel calendario. Vio cada uno de los registros de comida que había anotado. No decía nada. Estaba en *shock*.

Mateo le quitó el celular, y antes de que yo pudiera hacer algo, borró todos los registros de calorías y eliminó la aplicación.

¿Qué estaba pasando? Mi novio estaba conspirando en mi contra. No lo podía creer. Me enojé tanto que no le dirigí la palabra, tomé el vaso con agua que me había servido y fui directo al sofá.

Mateo me detuvo. Quería hablarlo, ayudarme y que le diera respuestas, pero cómo le iba a dar explicaciones sobre algo que ni siquiera yo entendía.

Me pidió amablemente que regresara a la cocina para que platicáramos con mi mamá. Yo no quería hablar con ninguno de los dos, pero no podía negarme. Me rogaba con la mirada.

Regresé a la cocina resignada. Era hora del interrogatorio. Estaba preparada para que me presionaran. Seguro querrían saber cada detalle.

Pero no, no pasó nada de eso. Mi mamá seguía impresionada. No podía creer que contaba hasta las calorías de los pocos mililitros de leche que le ponía a mi café de las mañanas.

—Necesitas ayuda. Tienes que ir al psicólogo.

¿Qué? Mi mamá estaba loca. No podía ir al psicólogo. No quería ir. No iba a ir. Tenía todo bajo control y estaba perfecta. No necesitaba ir con un *loquero*.

Además ni siquiera se preocupó por escucharme. Simplemente me dijo que debía ir sin permitir que le explicara que todo estaba bien. Mis comidas eran saludables y hacía ejercicio. Todo estaba perfecto.

Fue uno de los días más frustrantes que había tenido hasta ese momento, aunque definitivamente no se acercaba a lo que viviría en los próximos meses. Sin embargo, en ese momento, sentí que mi mundo se desplomaba.

Estaba muy enojada por aquel intento de intervención improvisada. No necesitaba ni quería ir al psicólogo. Yo sólo deseaba sentarme a ver series con Mateo como todos los domingos... pero decidieron arruinarlo todo y empezar con sus discursos.

Mi mamá se fue convencida de que encontraría a la persona ideal para ayudarme. Decía que iba a hallar a un experto que pudiera apoyarme para salir de la situación. Estaba decidida a encontrarlo, así que se fue de la cocina con pasos firmes, enfocada en su nuevo objetivo.

Mateo y yo regresamos al sofá, pero no tenía ganas de nada. Me acababan de dar un sermón mi mamá y mi novio juntos. Eso definitivamente hizo que ya no tuviera ánimo de ver ninguna serie.

Por otra parte, Mateo estaba muy preocupado. Me abrazó y me pidió que por favor aceptara la ayuda del psicólogo. Me dio mil razones por las que era una buena idea ir. Al final, si no me gustaba, me dijo que podría dejar de acudir cuando quisiera. Me hizo prometerle que le daría una oportunidad a la terapia y que lo haría por él, como si fuera un favor, porque de verdad tenía ganas de que yo fuera. Realmente estaba consternado.

Ese día sentí que el mundo entero cayó encima de mí. Mi rutina perfecta estaba arruinada. Pensaba que estaría en la mira de toda mi familia, que estarían tratando de averiguar qué era lo que me sucedía.

Hasta aquel momento, ninguno se había atrevido a preguntarme, era como si no quisieran saber la gravedad del problema. Sólo decían que era urgente que fuera al psicólogo. No sabían ni por qué. Simplemente no veían bien que su hija anotara las calorías de su día.

Mi sistema de control estaba amenazado y eso implicaba un gran peligro para mí. Era extraño. Haber sido descubierta estaba siendo, al mismo tiempo, lo mejor y lo peor que me había podido suceder.

Para Mateo, la historia fue un poco diferente: nunca tuvo miedo de demostrarme su preocupación. Sabía que había algo mal. Aquello lo estresaba, pero también me decía que, apenas estuviera lista, podía hablarlo con él.

Por su culpa, había sido descubierta, sermoneada y obligada a ir a un lugar que yo no quería, no obstante, aprecié muchísimo el apoyo que me demostró desde el principio. Siempre estuvo dispuesto a apoyarme sin importar qué tan grave fuera el problema.

Sin embargo, yo no tenía idea de cuál era la situación. Es más, según yo, no había ningún problema. Únicamente me preocupaba por mi salud y quería cuidarme con el peso adecuado. Tuvieron que pasar varios meses para que lograra admitir que tenía un trastorno alimenticio, pero para esa parte de la historia todavía faltan algunas páginas.

Días después mi mamá entró victoriosa a la casa. No dejaba de brincar de emoción. Parecía que acababa de sacarse la lotería. Pero no, definitivamente no era eso. Tampoco nos íbamos a ir de viaje. A mi juicio, no era una buena noticia que ameritase esa muestra de felicidad. Lo único que pasó aquella mañana era que mi mamá había conseguido a la psicóloga ideal para ayudarme.

Supuse que alguien se la había recomendado, pero no fue así. Ella había decidido salir a dar una vuelta en su coche a ver qué consultorio encontraba. De repente, vio uno cerca de la oficina en la que todos trabajábamos (mis papás son dueños de un negocio en el que laboramos juntos).

Según cuenta mi mamá, pensaba en lo importante que sería hallar a esa persona que pudiese ayudarme. De pronto, vio ese consultorio. Se estacionó a ver si conseguía hablar con alguien, pero sólo se encontró a una señora que se estaba subiendo a su coche. Mi mamá estaba tan desesperada que, sin saber quién era, le preguntó por el centro terapéutico.

Resultó que esa persona era una psicóloga, la cual creía poder ayudarme, por lo que concretó una cita con mis papás. A los pocos días, fueron a verla.

Por supuesto, no me dijeron mucho de lo que hablaron en esa sesión. Solamente creían que ella sí podía ayudarme. Me dieron su celular y me dijeron que era mi decisión si iba a verla o no. La psicóloga se llamaba Marisa y ella es el salvavidas número dos que mencioné al inicio de la historia.

Esa misma noche le platiqué a Mateo la situación. Una vez más insistió en que era buena idea que fuera. Me pidió que le diera una oportunidad. Recalcó que, en caso de que no me gustara ir o creyera que no era buena opción, lo podría dejar sin problema, ya que, por lo menos, lo había intentado.

Me pareció un buen trato. Decidí marcarle a la psicóloga para agendar una cita. De todos modos, en caso de que no me gustara, no tendría que volver a ese lugar.

Finalmente llegó el día de la primera cita con Marisa. No te puedo decir exactamente qué sucedió, pero recuerdo que cuando entré me sentí en un lugar seguro, como si alguien me hubiera dado inmunidad al peligro durante la hora que durara la terapia.

Lloré desde los primeros minutos con Marisa. No entendía por qué no podía parar. Nunca lloraba. No estaba acostumbrada a demostrar mis sentimientos así. Cada vez que derramaba una lágrima en mi casa, mis papás me suplicaban que dejara el llanto, me calmara y pensara cómo solucionar las cosas. No sabía qué era llorar. Pensaba que estaba mal y que me debilitaba como persona. Por ello, durante la primera sesión, no dejaba de disculparme con Marisa.

Una de las primeras enseñanzas que aprendí de ir a terapia, es que no tenía que obligarme a dejar de sentir. Si tenía ganas de llorar, se valía hacerlo hasta que se me quitaran las ganas. Por primera vez, sentía que no era necesario ser fuerte o, al menos, no todo el tiempo, no siempre.

He olvidado sobre qué platicamos. Sólo recuerdo que yo estaba muy estresada. Sentía que a lo largo de toda mi vida, pero sobre todo en los últimos años, había tenido una presión enorme por ser perfecta, por hacer todo bien, por siempre seguir las reglas de un librito que únicamente mis papás conocían.

En Marisa, encontré a alguien que me permitió no ser perfecta y caerme por el tiempo que quisiera, confiando en que, cuando estuviera lista, yo misma me pondría de pie.

¿Te acuerdas que no quería que nadie supiera que tenía problemas alimenticios? Ni siquiera yo quería admitirlo. Me engañé tanto tiempo, que fui capaz de creerme mi propia mentira y actuar para que los demás también la creyeran. Actuaba tan bien y fingía tanto ser perfecta y tener todo bajo control, que ni siquiera Marisa notó el trastorno alimenticio. Aún cuando mis papás le mencionaron esto en la cita que tuvieron, y muy a pesar de que ella me preguntó, logré que no se centrara en ese tema, como si no fuera importante y hubiera sido superado. No quería que me vuelvan a sermonear respecto a la aplicación que contaba calorías. Si nadie lo volvía a mencionar, podría volver a hacerlo. No fue hasta meses después, cuando yo se lo confesé. Pero para ese momento todavía falta un poco.

Las primeras citas con Marisa fueron un poco duras para mí. En todas las sesiones lloraba. Fueron pláticas de desahogo acerca de todo lo que había vivido. Puede sonar muy dramático, porque aunque nunca sufrí abuso en la infancia y definitivamente fui una niña muy querida, la familia perfecta igual tiene sus imperfecciones y una carga de expectativas que pesan demasiado y que son imposibles de lograr.

Así, de mi núcleo familiar, surgía una presión excesiva por ser perfecta. Mis papás se enorgullecían de sus hijos perfectos, con buenas calificaciones, que cuidaban su integridad como personas, que no insultaban, que no tomaban ni un vaso de alcohol, que no se drogaban o que no fumaban.

En mi familia, todos debíamos ser mejores amigos, como si las relaciones de hermanos y padres fueran menos importantes. Mis papás soñaban porque todos formáramos un grupo perfecto que convivía en la misma casa.

Lo anterior quizá ocurría, porque se sentían orgullosos de haber tenido un noviazgo hermoso de ocho años, al igual que casarse jóvenes y sin ningún centavo, puesto que, desde los dieciocho años, trabajaron juntos para ganarse la vida. Así, después de varios años, consiguieron un patrimonio sólido.

Parecía la típica historia de película. Siempre tenían todo bajo control, y cuando no, tenían que aparentar ante el exterior y ante sus hijos que todo estaba bien. Cualquier situación que implicara sentimientos negativos era contenida, rechazada, invalidada.

Dato cultural: no sabes cuánto hubiera agradecido que, en ese momento, mis papás se quitaran la máscara de *ser fuertes* para dejarme ver su humanidad y todo lo que esto implica. Hasta ese entonces, parecían superhéroes con un estereotipo de vida bastante complicado de alcanzar.

Conforme fui creciendo, entrar en el papel de mujer perfecta se iba haciendo cada vez más difícil. Ya no sólo tenía que tener buenas calificaciones. Ahora tenía que hablar tres idiomas, tener muchas amigas, varios hombres que se murieran por mí. No podía permitir que los varones insultaran en mi presencia, no podía ingerir ninguna bebida alcohólica. Tenía que trabajar, trabajar mucho, seguir haciendo ejercicio, mantener un cuerpo sano. Tampoco podía perder la cabeza, ni siquiera por unos minutos.

Marisa significó para mí un espacio imperfecto desde el primer día. Con ella, podía quitarme la máscara, y aunque sólo fuera por una hora, decir lo que pensaba y no tener que fingir que todo estaba bien. Podía llorar sin tener que ocultarlo, decir que no quería ir a la universidad o que mi mamá no era mi mejor amiga. A ella no le importaba. Con Marisa, podía descansar de mi mundo perfecto.

Las semanas fueron pasando. Cada vez que iba a terapia me gustaba más ese sentimiento de libertad, esa honestidad con la que podía expresarme. Cada día que pasaba deseaba que esa sensación se mantuviera presente. Quería que mi hora en terapia nunca acabara: odiaba tener que ponerme la máscara de perfección una vez más, a pesar de que yo me la quería quitar para siempre.

Fue así como comenzó una gran crisis familiar. Me di cuenta que existía un sentimiento de satisfacción al ser imperfecta y estaba dispuesta a luchar hasta conseguir que mi papás me aceptaran así, pero claro, en una familia donde los últimos 20 años todo había sido perfecto, ¿cómo iba a ocurrir esto?

No sabía cómo dejar de pensar como mis padres. Sabía que tenía una mentalidad diferente en ciertas cosas. También que quería permitirme caerme y luego levantarme, pero estaba tan atorada en que mis papás sólo conocían la perfección y me forzaban a serlo, que mis reacciones comenzaron a ser agresivas. Cada vez que me decían algo que no quería escuchar, en lugar de decir mi punto de vista, explotaba. No quería estar cerca de ellos ni quería nada. Comencé a alejarme.

Mis padres sintieron el rechazo apenas decidí tomar distancia. Querían que hablara con ellos, pero al mismo tiempo no preguntaban. Le mandaban mensajes a Marisa tratando de averiguar algo, pero nunca me preguntaron a mí. No me lo podía explicar y nunca entendí por qué en ese momento no se acercaron.

Decidí alejarme más. De ser una mujer que salía con sus papás al menos una vez a la semana, dejé de frecuentarlos por completo. Cada vez me acercaba más a Mateo: él era mi mundo, mi lugar seguro y no quería que nadie se metiera. Mucho menos mis padres.

Todo se empezó a complicar a partir de ese momento. Mis papás estaban asustados (o eso parecía, porque la verdad nunca me lo confesaron), y entre más notaba que ellos no me preguntaban nada ni se acercaban a mí, más decidida estaba a alejarme.

Me hubiera encantado que, cada vez que hubiese una diferencia de opiniones, me preguntaran sobre la razón que justificaba mi punto de vista.

La crisis familiar fue una guerra en la que yo quería aprender a pensar diferente y mis padres estaban negados a aceptar cualquier opinión distinta. Sentía que se alejaban de mí y que no me preguntaban nada respecto a mi vida, porque no querían seguirse dando cuenta que pensaba diferente a ellos... no querían siquiera que existiese la posibilidad de decir explícitamente que había una diferencia de opinión. Sentía que no me querían por lo que era, sino por lo que pensaba. Me sentía sola. Fue como si en el instante que se dieron cuenta que no quería pensar como ellos, no hubieran querido saber nada acerca de mí.

Estaba metida en una situación de estrés constante, así que, cada vez que tenía oportunidad, salía de la casa. Además, entre la escuela, el trabajo, Mateo y el gimnasio, apenas veía a mis papás. Todo iba bien en el proceso de *separación*.

Así, cuando me acercaba a un período en el que iba a tener más tiempo para estar en la casa hacía más y más ejercicio, pero ocurrió algo inesperado que volvió a afectar mi rutina, y sobre todo, mi intento de independencia: me fracturé el pie, o mejor dicho, Mateo me fracturó el pie. ¡Tranquilos! No fue a propósito, fue sin querer, a decir verdad, ni siquiera creímos que fuera grave, hasta que una semana después, me tuvieron que llevar al médico, porque no aguantaba el dolor y éste me dijo que estaba fracturado. Esto significó yeso, dos meses en muletas y evidentemente no ir al gimnasio. Es más, era tan delicada la situación que el doctor no podía asegurarme si podría volver a correr.

Al principio, creí que no ir al gimnasio iba a ser el problema más grande, sin embargo, no fue así. Ocurrió algo muy extraño: al no poder ejercitarme, tenía la excusa perfecta para no tener el cuerpo de ensueño, así que ese pensamiento desapareció por completo, o al menos, eso creía. Por un momento descansé, ya que no dependía de mí. No tendría que esforzarme por cumplir ese estereotipo.

Sin tener la posibilidad de hacer ejercicio, mi mente dejó de presionarse por tener el físico ideal. Era como si tuviera permiso, por dos meses, de comer lo que quisiera y no tener el abdomen perfecto, porque evidentemente el yeso me lo impedía.

Por supuesto, había también un lado malo en esta situación: el pie fracturado fue el derecho, lo que me impedía manejar. Adiós independencia. Mis padres tenían que llevarme a todos lados, incluso tenían que ayudar a bañarme. Fue un cambio bastante radical. Un día estaba en guerra tratando de demostrar que podía alejarme de mi familia, y al otro, mi papá estaba llevándome a la Universidad y mi mamá me ayudaba a lavarme el pelo.

Fueron dos meses muy frustrantes, pero decidí seguir disciplinadamente las órdenes del doctor, aunque esto significara depender otra vez de mis papás, por el simple hecho de que mi regreso al gimnasio dependía de ello. Tenía que cuidarme mucho para que pudiera volver a hacer ejercicio sin repercusiones ni riesgos lo antes posible.

Esos meses con Marisa fueron un poco intensos. Quería seguir marcando la diferencia en mi casa, pero no podía demostrar en exceso mi punto de vista, porque sabía que no estaba siendo bien recibido. No podía perder el privilegio de que mis papás estuvieran en la disposición de llevarme a todos lados.

Fueron dos meses de trabajo en los que tuve que aprender que, a veces, necesitaba pedir ayuda y aceptarla, puesto que no podía hacer todo completamente sola. Me costó mucho entender esa lección. No estaba acostumbrada a solicitar apoyo. En mi familia perfecta, todos éramos capaces de solucionar nuestros problemas y las cosas siempre nos salían bien.

Después de dos meses entre muletas, silla de ruedas y baños asistidos por mi madre, el doctor decidió que era tiempo de liberarme. Al parecer, todo el reposo había valido la pena, porque mi pie había quedado como nuevo.

Poco a poco, retomé mi rutina de ejercicio. Primero iba 30 minutos sólo a caminar. Luego comencé a trotar. Así estuve un mes más, hasta que, después de ocho semanas en muletas y un mes y medio en recuperación, pude correr y hacer ejercicio como si nada.

En los casi tres meses que estuve fuera del gimnasio, mi entrenador se había ido, así que ya no tenía forma de cambiar mis rutinas. No es que hubiera tenido los ejercicios más profesionales de la vida. De hecho, no me gustaba cargar peso, así que era la típica mujer que agarra las pesas de un kilo y hace diez repeticiones, sin embargo, hasta para eso necesitaba que un profesional me dijera qué hacer. Quería bajar de peso y no lo podía conseguir sin que alguien me orientara.

Para mi tranquilidad, había un nuevo entrenador en el gimnasio. Al parecer, era uno más profesional que el anterior. Le pedí que me pusiera rutinas nuevas y me ayudara a recuperar la condición que tenía antes de lastimarme el pie.

La diferencia con este *coach* es que él hacía las rutinas con mucho más peso al que estaba acostumbrada. Me explicó miles de veces que era bueno cargar peso, porque agarraría fuerza y se formarían mis músculos. Honestamente, tenía tanto miedo de quedar enorme, como *Hulk*, que le dije hasta el cansancio que no cargaría peso. Entonces decidió explicarme algo que podría ser muy útil para cualquiera que no tenga un trastorno alimenticio...

Resulta que tu masa muscular sólo crece si comes lo suficiente como para hacerla crecer. De esta forma, si seguía comiendo poco y acostumbraba a mi cuerpo a cargar mucho peso, tonificaría o me comprimiría más rápido –como prefiero llamarlo yo– puesto que, por supuesto, seguiría sin comer lo necesario para que el músculo aumentase.

Los días fueron pasando. Cada vez le agarraba más gusto a las pesas. Una semana pasaba y aumentaba el peso a los ejercicios que hacía. Como sí podía ver resultados en mi fuerza, pero en mi cuerpo no, comencé a exigirme más. Ya llevaba algunas semanas yendo al gimnasio y cargando pesas, y mi pie demostraba seguir en perfecto estado. Me obligaba a una mayor exigencia que incluyeran más días y horas de ejercicio. En aquel entonces, acudía seis veces a la semana al gimnasio por una hora y media.

Por otro lado, el proceso de independencia que había dejado en pausa por los meses de reposo, continuó. Mis papás estaban cada vez más estresados. Cada día que pasaba era más horrible y yo explotaba cada vez peor. No hablaba con ellos, no quería hacerlo, y además, no tenía nada qué decirles. Lo peor es que ni siquiera me preguntaban nada ni hacían el esfuerzo por hablar conmigo. Las pocas e inevitables conversaciones que teníamos solían acabar a los pocos segundos.

Ante la crisis familiar –una situación extraña, inédita y desesperante en la que me encontraba– mis papás aceptaron comprarme un perrito. Siempre había soñado con tener una mascota que pudiera tener conmigo todo el tiempo. Así es como Nina, una Yorkshire Terrier, apareció para convertirse en mi paño de lágrimas muchas noches y mi felicidad muchos días.

Sin embargo, Nina no era la solución a mis problemas. Sólo se convirtió en una amiga en medio de mi soledad. Únicamente las personas que han estado en una situación como la mía entenderían.

Por otra parte, Mateo era mi burbuja. Él era mi mundo y me protegía. Cada día que pasaba sentía que las cosas se ponían peor en mi entorno, por lo que un miedo enorme a perderlo comenzó a invadirme. Sentía que no podía ser real lo que teníamos. Si con mis papás mi vida estaba siendo un infierno, parecía obvio que, con alguien que ni siquiera era parte de mi familia, la situación no tardaría en ponerse fea. No iba a poder tenerlo conmigo para siempre. Las posibilidades eran una en un millón.

Traté de demostrar miles de veces que no era el indicado. Me enojaba con él por todo. Quería que me enseñara su verdadera cara, que se rindiera conmigo y se alejara. De alguna forma, necesitaba comprobar que no podía quererme y que el amor era imposible.

Sin embargo, cuando estos pensamientos empezaban a llenar mi mente, Mateo me veía con una mirada llena de amor y me abrazaba con una fuerza que hacía que todo se me olvide. En cinco segundos, cambiaban mis sentimientos y me sentía culpable por tratar de alejarlo. Tenía mucho miedo de perderlo. Era algo inexplicable. Sabía que yo estaba orillándolo a que se cansara de mí, pero no quería que se fuera. Él era el único que me mantenía cuerda y no podía perderlo. De hecho, nunca se fue a pesar de mis intentos, los cuales tenían su origen en el profundo miedo que me daba sentirme amada.

Siguieron pasando los días y las semanas. Dejé de ir a la Universidad. Bajaron mis calificaciones. Estaba muy triste y asustada. Era la primera vez que no quería ver a mis papás ni en pintura. Sentía que estaban en mi contra. La frustración empezó a ser cada vez más fuerte. Empecé a ir más y más horas al gimnasio. Ya hacía tres horas de ejercicio al día, seis días a la semana. No lograba verme bien. En el espejo, sólo veía a una mujer hecha un desastre, llena de lonjas y cero tonificada.

Mis sesiones con Marisa eran el espacio de desahogo respecto al tema de mis papás. Ella parecía entender que no quería verlos. También respetaba que estaba tratando de descubrirme a mí misma, así como de dejar de seguir un libro de reglas inexistente para el mundo, aunque valioso para mis papás. Cada vez que entraba a su consultorio sentía como me desplomaba. No quería seguir sintiéndome así.

No lograba poner en orden mi cuerpo, mucho menos mi vida. No obstante, como pensaba que debía ser más fácil perfeccionar el físico, comencé a contar calorías otra vez. A decir verdad, nunca dejé de contarlas, lo hacía de memoria. No había forma de parar mi mente. Ni siquiera necesitaba anotar nada.

La aplicación no era necesaria. Reduje la ingesta de calorías diarias otra vez y no había forma de que alguien me descubriera. Nadie iba ni podía saberlo. Todo lo que necesitaba se encontraba en mi mente. Cero sospechas.

Llevaba dos meses haciendo mucho ejercicio y comiendo poco. Mi cuerpo no mejoraba y tampoco me sentía mejor. Tenía que emprender *mejores* acciones, debía llevar a cabo algo más extremo...

Una noche encontré unas pastillas en mi cajón: eran los laxantes que usaba en Suiza. Tenía que intentar tomarlos otra vez. Posiblemente no estaba yendo muy bien al baño y por eso no estaba bajando de peso. Poco a poco, regresé a la costumbre de tomar laxantes cada vez que mis calorías diarias se excedían, ya sea por alguna comida o por una cena con Mateo…

Cada día que pasaba me sentía peor. Los laxantes no estaban dando resultados. Las tres horas de ejercicio diario menos. Contar calorías también era inútil, y no, definitivamente no me gustaba lo que veía en el espejo: las lonjas aumentaban, veía más panza, me sentía más fea. No me gustaba lo que era, ni lo que estaba haciendo. Tampoco sabía cómo cambiarlo.

Lentamente, se me fueron quitando las ganas de todo. No sabía, por ejemplo, por qué Mateo quería estar conmigo. No entendía cuál era su razón para quererme. Ni siquiera yo misma me quería. Me quebré frente a él muchas veces, con frecuencia. Sentía que me estaba mintiendo. Quería que me repitiera que me amaba muchas veces. Tal vez así yo empezaría a quererme.

Estaba en un hoyo, en uno muy profundo y al que no sabía que podía llegar, a pesar de estar a unos días de que todo se pusiera peor.

Nada de lo que hacía estaba ayudando a que me sintiera bien. Una vez más, supuse que era por mi peso. Me propuse intentar una técnica muy extrema. Valía la pena tratar de esforzarme un poco más con tal de volver a sentirme feliz conmigo.

Una manzana al día... ¡ésa fue mi solución! Sólo podría comer eso. Así, cuando llegara la hora de cenar con Mateo, tendría calorías disponibles para consumir, y al mismo tiempo, seguir bajando de peso.

Cuando la idea pasó por mi mente, pensé que sería muy difícil de cumplir, pero cuando estás en un abismo tan horrible como en el que yo me encontraba, poner en marcha mi plan fue bastante sencillo. No quería comer, así que no iba a hacerlo y punto.

Los días pasaron y mis ganas de vivir fueron disminuyendo. No quería hacer nada. Sabía que no valía nada y no quería esforzarme.

Cada vez que manejaba, aceleraba con todas mis fuerzas, esperando que, por descuido de alguien o hasta por irresponsabilidad mía, ocurriera un choque tan fuerte que hiciera que no abriera los ojos otra vez. No sabes cuántas veces manejé con ese propósito.

Sin embargo, aquel sentimiento no duraba más de unas cuantas cuadras. Cuando me daba cuenta de lo que estaba haciendo y el dolor que le causaría a Mateo, estacionaba donde pudiese y me soltaba a llorar.

Estaba segura que, de hacerlo, lo destrozaría. Había demostrado varias veces que sí me quería, miles. Cada vez que yo lo alejaba, él se acercaba más. Cada vez que yo hacía algo, esperando una reacción negativa de su parte y así tener motivos para irme, me daba mil razones para no dejarlo nunca. Sabía que me quería y no podía dejarlo así. No se lo merecía.

No podía creer que pensara en eso, ni siquiera por unos segundos. Me aterraba imaginar que hubiese intentado causar un accidente. No entendía por qué me odiaba tanto. Prefería que me sucediera algo en vez de seguir viviendo así.

Cuando según yo tenía momentos de cordura, me asustaba por mis deseos de un accidente. Eso sería catastrófico. Además, podría terminar muy mal. En el peor de los casos, saldría viva de ahí y tendría una recuperación horrible en un hospital. Me dolerían todos los huesos y me harían comer mucho para que agarrara fuerza… eso sería una desgracia.

Todas las noches reflexionaba sobre si había alguna solución más fácil. Podría tomarme las pastillas para dormir… muchas… sería fácil, rápido y seguro, pero… ¿Y si sólo me intoxicaba?

No podría vivir con la culpa de haberle causado un susto tan grande a Mateo. No podría verlo a los ojos. No quería sentirme así con él. Mi novio era mi lugar seguro y me amaba por lo que yo era. No podía hacerle eso a la única persona que se había mantenido a mi lado, incluso cuando yo menos lo merecía…

Con la técnica de la manzana por fin lo logré: comencé a bajar de peso. Ya estaba por debajo de mi peso ideal. Lo había logrado, pero no me sentía feliz. Estaba segura de que, cuando bajara lo que yo siempre había querido, mi vida cambiaría. Sin embargo, no fue así. Me sentía peor que cuando pesaba 50 kilos y no entendía por qué. Ya había alcanzado la meta, pero no me sentía satisfecha.

Seguía odiando lo que veía en el espejo. No me veía de menos de 50 kilos. Me veía de más de 60. No sabía qué era lo que estaba sucediendo. ¿Tendría que seguir bajando de peso?

Me veía demacrada. Parecía que no había dormido en una semana. Caminaba encorvada, muy encorvada. No quería hablar con nadie. Lloraba todo el día. No era feliz. Quería seguir bajando de peso. Se supone que estaba flaca. La báscula lo decía, pero no me sentía ni me veía así.

Cuando cometía un error en la planeación de mis comidas y el cálculo de calorías se excedía, me daba un ataque de ansiedad horrible. Sentía que el mundo se me caía encima. Me atascaba toda la comida que estaba en el refrigerador, porque obviamente, si ya había arruinado mi dieta, tenía que arruinarla bien. Comía todo lo que no me había permitido comer en los últimos días.

El día después del ataque de ansiedad, no comía nada. Ni siquiera la manzana. Cuando esto sucedía, comenzaba otro ataque de ansiedad, aunque más fuerte y peligroso.

Era como si mi cerebro se desconectara y perdiera el control. Me encerraba en el baño a llorar, tirada en el piso. Después de varios minutos sin poder parar, me daba cuenta de que ya me había llenado de rasguños yo misma. Tenía moretones, llagas y heridas que yo solita ocasionaba. Entonces me asustaba más. No entendía por qué me lastimaba sola. Eran momentos de pérdida de conciencia en los que pensaba que ocasionarme dolor físico acabaría con el dolor emocional. Por supuesto, esto no sucedía.

Entonces venía a mi mente la opción sencilla. Pensaba otra vez en las pastillas. No iba a doler y podría apagar el sentimiento que me invadía. Sólo necesitaba aquellas píldoras que tenía junto a mi cama.

Mateo y yo comenzamos a pelearnos por todo. Bueno, en realidad, yo me peleaba con él. Tal vez si lo alejaba, no me molestaría tomar la salida fácil. Si él salía de mi vida, podría hacer lo que quisiera sin lastimarlo. Tal vez no me querría tanto. Quizá no era el hombre de mi vida y me dejaría. Yo hubiera abandonado esa relación. Pero él no. Sí me quería. Sí me amaba. Y se mantuvo a mi lado.

Todo el tiempo.

CAPÍTULO CINCO

CUATRO AÑOS DESPUÉS

Peso: 49 kilos

No sé en qué momento caí tan bajo. ¿Por qué no dejaba de pensar que ojalá todo terminara con un choque? No sabía la razón por la cual sentía que el mundo se me venía abajo. Tampoco entendía por qué sólo comía una manzana al día. Mucho menos comprendía, por qué no me veía más flaca. No estaba logrando mi objetivo. Me sentía como una basura. No comía nada, pero aún así, cada vez me veía más gorda.

Estaba arruinando todo con Mateo. Él no entendía por qué estaba siempre a la defensiva. No comprendía por qué lo trataba así. No quería que me viera mal, pero él estaba decidido a luchar, a entender qué me sucedía. Quería comprender cuál era ese sentimiento que tanto me agobiaba.

Varias noches terminé sentada en sus piernas, con sus brazos alrededor de mí, apretándome con todas sus fuerzas. Todas esas veces me rogaba que le explicara por qué estaba tan triste. Pero él no entendía que ni siquiera yo sabía lo que ocurría. Mateo me veía con ojos llenos de amor, pero transmitían una angustia y desesperación inexplicables. Quería entender la razón por la cual la mujer de la que se había enamorado ocho meses atrás no podía ni siquiera pararse por el dolor tan fuerte que sentía.

–Odio lo que veo en el espejo… no sabes qué es perder la confianza en ti misma… no me gusta lo que soy…. Perdí la noción de mí… Mateo, no sé quién soy… no entiendo por qué me amas, cuando ni yo misma me soporto… no sé en qué momento me convertí en este desastre. Me perdí a mi misma y no sé cómo recuperarme…

Ésa fue la primera vez que alguien escuchaba lo que sentía. Mateo me tomó nuevamente en sus brazos. Me llenó de besos y me abrazó con todas sus fuerzas.

–Eres una gran mujer, la misma de la que me enamoré hace ocho meses. Eres hermosa. Tienes un gran corazón…

Mateo continuó hablando, pero no lo escuché. No valía la pena ponerle atención. No creía ni una sola de las palabras que decía. Al menos no en ese momento.

Sin embargo, hasta la fecha, me arrepiento de no haberlo escuchado. Fue uno de esos instantes llenos de amor y sinceridad, y no, no puse atención a ninguna palabra... pero no quería escucharlo. Estaba en un abismo horrible. Me odiaba tanto que no podía creer que alguien tuviera un sentimiento así por mí.

¿Ubicas el libro 'Las ventajas de ser invisible' de Stephen Chbosky? Bueno, si no lo leíste, al menos debes de ver la película protagonizada por Emma Watson. Si de plano tampoco viste ésa, haz una pausa aquí y agrégala a tu lista por favor.

La razón por la que hago referencia a este libro (o película) es porque tiene una frase que describe perfectamente cómo me sentía en aquel tiempo: "Aceptamos el amor que creemos merecer".

En ese momento, cuando Mateo me estaba diciendo con el corazón abierto todo el amor que sentía por mí, yo no quería escucharlo: no me sentía merecedora de un amor tan fuerte. Me sentía como basura, una que no merecía ser querida y que era imposible que alguien quisiera.

Sabía que Mateo era una buena persona. Me había demostrado que me amaba de mil maneras diferentes todos los días. Pero también sabía que si yo continuaba alejándolo, llegaría el punto en el cual se cansaría de luchar.

Tenía que pensar en cómo podría salir del hoyo en el que me había metido. No sólo por mí, sino también por él. Mateo era el único elemento de mi vida de la que estaba segura. Sabía que no quería lastimarlo. También que no quería dejarlo ni mucho menos que él me dejara a mí. Pero si seguía así, terminaría pasando lo que más temía. Las cosas acabarían muy mal.

Por momentos, imaginaba que nuestra relación parecía sacada de una novela de Federico Moccia y que acabaría en alguna tragedia. Por cierto, si nunca has leído un libro de este autor italiano, haz otra pausa aquí y *googlea* 'Ese instante de felicidad'. Te lo recomiendo mucho si te gustan las historias de amor tanto como a mí. Además, fue la novela que Mateo me regaló cuando me fui de viaje hace ya muchos años.

El punto es que no podía permitir que mi relación terminara. Mateo me hacía sentir tan querida, y yo lo quería tanto, que se había vuelto la única razón que encontraba para vivir. Toda la vida había soñado con tener a un buen hombre a mi lado. Ahora que tenía a uno extraordinario, no podía dejarlo ir.

Sabía que tenía que salir de la situación desconocida y temible en la que me encontraba, pero no sabía cómo y ni siquiera estaba segura de poder hacerlo puesto que no sabía qué había hecho para llegar a ese punto. Cuatro años.... tardé cuatro años en alcanzar el punto de quiebre.

Me rompí como nunca hubiera imaginado que podría llegar a romperme. ¡Yo! ¡La misma que se consideraba indestructible, capaz de resolver cualquier problema y alcanzar cualquier meta!

Pero también fui yo sola la que se construyó un infierno del que no podía salir y del que me di cuenta cuatro años después.

Necesitaba pedir ayuda. No podía seguir arruinando mi relación ni seguir sintiéndome tan vacía. No podía continuar lastimándome, tanto físicamente como emocionalmente. Me estaba destruyendo y tenía que parar.

No sabía cómo detenerme, pero si no lograba ponerle un alto, perdería al amor de mi vida y probablemente mi vida también.

Estaba decidida a pedirle ayuda a Marisa. Tenía que tratar de explicarle lo que sentía. Sólo ella podría descifrar la situación y hacerme entender qué era lo que ocurría.

Así que lo hice... esa cita con ella fue la única en la que recuerdo haberla dejado sin palabras. Le conté todo. Le dije que únicamente comía una manzana. Le expliqué que manejaba a toda velocidad esperando un choque que hasta el momento no había ocurrido. Le dije que no quería dejar a Mateo, pero que si seguía así, él me dejaría. Le conté que no quería comer. Le expliqué cómo me lastimaba sola y me llenaba de rasguños sin darme cuenta. Tenía miedo. Me daba terror comer y seguir engordando. No podía y no quería.

Ese día le dije todo. No recuerdo con cuánto detalle. Tampoco me acuerdo si pude explicarme bien, porque no dejaba de llorar. Probablemente sí, porque ella –como me confesaría tiempo después– nunca olvidará el estado de *shock* en el que se encontraba.

De hecho, en los seis meses que llevaba yendo a terapia, nunca la había visto así. Marisa siempre sabía qué decir. Sabía cómo hacerme sentir mejor, pero ese día no supo qué hacer. Nunca se lo esperó.

Meses después me explicó que jamás se imaginó que tuviera anorexia ni bulimia. Estuve platicando con ella una hora a la semana durante seis meses y nunca se dio cuenta. Así de bien me gustaba ocultarlo y demostrarle al mundo que todo estaba bajo control.

Lo poco que recuerdo sobre esa sesión de terapia es que me suplicó que comiera. La próxima semana idearíamos un plan, pero por el momento, debía comer y fortalecer mi cuerpo, porque según ella, me veía demacrada. Yo me veía gorda, pero al parecer, no era cierto.

Ese día, salí de mi cita semanal destrozada. No sabía en dónde estaba ni hacia dónde iba. Llevaba cuatro años viviendo un trastorno alimenticio y finalmente me había permitido tocar fondo. Me quité las vendas y vi la horrible realidad que había vivido. Me dejé caer. Ya era demasiado. Me estaba destruyendo y no podía seguir soportándolo.

Me dejé vencer por la anorexia y bulimia, pero no quería seguir fingiendo algo que no era cierto: no me sentía bien conmigo misma y no quería seguir actuando como si todo estuviera bajo control. Nada lo estaba y llevaba cuatro años sin estarlo.

Sólo dejándome caer y pidiendo ayuda podría levantarme de nuevo. El trastorno alimenticio ya estaba muy avanzado y había dañado mi mente gravemente. No había vuelta atrás. Era hora de pedir ayuda y lo sabía.

Esa misma noche le conté a Mateo. No creas que fue a propósito. En realidad no era mi intención decirle. Sabía que no sería nada bonito que tu pareja te diga que tiene anorexia y bulimia, mucho menos en un punto tan crítico en el que simplemente la palabra comida causaba tanto temor. Sabía que no sería algo fácil de escuchar. Existía una posibilidad de que no quisiera lidiar con eso y que ambos tomáramos caminos separados.

No quería contarle nada, pero me conocía tan bien que apenas me saludó esa noche, me preguntó qué ocurría. Con una sonrisa bastante falsa, omití la respuesta y le cambié el tema. Estábamos picados con una serie de Netflix, por lo que no fue difícil esquivar la pregunta la primera vez. Bastó decirle que yo prepararía la cena, mientras él prendía la televisión.

Terminamos de cocinar y nos sentamos en el sofá de siempre, ese mismo sofá donde seis meses atrás me había rogado que fuera al psicólogo. Me abrazó y volvió a preguntar.

—¿Cómo te fue con Marisa?

Fue imposible contener las lágrimas. No recuerdo cómo fue la conversación exactamente. Sólo te puedo decir que con cada palabra entrecortada que salía de mi boca, Mateo me abrazaba con más fuerza. No se alejaba. Todo lo contrario. Cada vez lo sentía más cerca.

Esa noche le conté todo, todo lo que hasta ese momento podía entender y podía hablar. No era mucha información, pero desde lo más profundo de mi corazón, pedía ayuda. Le conté sobre un trastorno alimenticio que llevaba años cargando en silencio.

Mateo únicamente me abrazaba y me secaba las lágrimas, mientras yo terminaba de contarle.

—Vamos a superar esto juntos— me dijo.

Ahí estaba otra vez. ¿Por qué no se iba? ¿Por qué no me dejaba? Él no sólo estaba dispuesto a apoyarme, sino que además se incluía en la lucha. El día que lo conocí sabía que era la persona indicada, pero esa noche entendí que el destino lo había puesto en mi camino justo en el momento perfecto y para cumplir una función específica: ser mi salvavidas.

Me sorprendió la respuesta de Mateo. Una vez más, no esperaba eso de él. No es que pensara que no me quisiera lo suficiente. Sencillamente, no entendía por qué alguien podría sentir tanto amor hacia mí. Sabía que él era capaz de amar, pero pudiendo elegir a cualquier persona en el mundo, no entendía por qué me escogió a mí. No esperaba que se quedara conmigo. Mucho menos tenía esperanzas de que se uniera e hiciera de mi infierno su propia batalla.

Fueron pasando los días lentamente. Necesitaba ver a Marisa para que juntas hiciéramos un plan. Necesitaba que me ayudara. Quería hablarle por teléfono para contarle que no había podido cenar. Me había preparado un sándwich. Al verlo listo en la mesa, empecé a temblar. Le di una mordida entre lágrimas y no pude tragarlo. Escupí aquel pedazo en el basurero. El resto lo tiré.

También quería decirle que Mateo ya lo sabía, y que lejos de haber salido corriendo, se había comprometido a luchar conmigo. Pero no quería molestarla. Tenía que esperar a que pasara una semana. Debía sobrevivir ese tiempo para volver a hablar con ella.

No quería marcarle. Me daba miedo depender de Marisa. No quería sentir que necesitaba a alguien. No sabía pedir ayuda y en ese momento no quería hacerlo. Sentía que era un estorbo para cualquiera y no quería molestar. Era mejor sobrevivir lo que quedaba de la semana y esperar a que llegara esa hora que tenía disponible para hablar con ella.

Conforme fueron pasando los días, otro pensamiento comenzó a invadir mi mente: no podía ir a rehabilitación. Sabía que estaba grave, no podía tragar la comida y tiraba platos llenos. Lloraba todas las noches y tomaba muchos laxantes. Sólo me permitía comer una manzana al día. Cuando arruinaba mi dieta una vez, me daban atracones que hacían que me comiera todo lo que había en el refri. Tenía mucho miedo, pero no podía ir a rehabilitación.

Sabía que lo único que me había mantenido viva estos últimos meses era Mateo y los sueños que teníamos juntos. Ir a rehabilitación significaría dejar toda mi vida y mudarme a un centro para trastornos alimenticios. Para colmo, el único del país se encontraba en la Ciudad de México.

Tendría que abandonar a la única persona que me daba esperanza y me motivaba a salir adelante. Tendría que dejar la escuela. Todo el mundo se enteraría y me conocerían como la niña que dejó todo, porque no quería comer. La gente juzga sin saber y yo no quería destruir mi vida públicamente, pero sobre todo, lo que más me preocupaba era dejar a Mateo. Sabía que estando lejos de él, perdería la cabeza muy rápido.

Pasó una semana –que honestamente se sintió como un año– y llegó la hora de platicar con Marisa otra vez.

Evidentemente la conversación de esa sesión empezó con la pregunta obligada: "¿Comiste bien esta semana?". Considerando que el último mes sólo había comido una manzana al día, haber agregado un vaso de leche por las mañanas y un poco de pollo o una lata de atún al medio día, sonaba como haber comido bien, así que contesté que sí. No obstante, le conté que no había podido cenar y que había tirado varios platos llenos de comida.

Ella, con toda la calma del mundo, me felicitó por estar poniendo de mi parte. Sabía que el proceso no sería rápido ni fácil, pero se dio cuenta de que yo sí quería intentarlo.

El tema medular de aquella cita fue encontrar la solución. Teníamos que idear el plan para superar el trastorno alimenticio.

Una de las primeras sugerencias de Marisa fue que regresara con mi nutrióloga para que me enseñara a alimentarme y me quitara el miedo a la comida. Definitivamente ésa no era una opción. Rechacé la propuesta al instante y le conté por qué no regresaría...

Las últimas veces que fui con la nutrióloga me aprendí las calorías de memoria. Me obsesioné con las horas de cada comida. No podía ingerir nada que no estuviera en las dietas que ella me daba. Me volví loca. Necesitaba dejar de contar calorías. Además me ponía a pensar en que tendría una cita mensual en la cual tendría que pesarme y verificar si había alcanzado o no el peso perfecto.

La segunda opción era ir a rehabilitación, pero únicamente escuchar la palabra me provocó un llanto inconsolable. Le expliqué que, si me alejaba de Mateo, para mí sería muy sencillo tomar la salida fácil. No podía alejarme de mi único motivo para vivir.

Fue entonces cuando entre las dos platicamos sobre lo que podría ser un buen plan para mí.

Sería un proceso lento y doloroso, uno que exigía muchas ganas de vivir. Tendría que poner todo de mi parte, ya que sólo contaba con su apoyo para desahogarme semanalmente y con Mateo para quererme de forma incondicional.

El plan consistía en establecer pequeños objetivos. No podía tratar de correr cuando ni siquiera sabía caminar. Tendría que ser poco a poco.

Los primeros objetivos estaban claros: tendría que dejar de contar calorías, reducir las horas que iba al gimnasio, y por supuesto, comerme todo lo que estuviera en mi plato, es decir, perderle miedo a la comida.

Lo último implicaba poder comerme un plato de cereal sin llorar y darme cuenta que, si comía una pasta, no engordaría cinco kilos. Tenía que entender que todo estaría bien, pero tenía que hacerlo sola.

Ahora mismo, mientras escribo esto, esos tres primeros objetivos no suenan complicados, pero en ese momento era como si me hubieran pedido llegar a Europa nadando. Parecía imposible.

El objetivo de comer bien era crucial. Marisa me explicó que cuando las personas no están bien alimentadas, su cerebro comienza a tener fallas neurológicas y comienzan los bajones depresivos. Si quería empezar a sentirme mejor conmigo misma, tenía que comer para que mi cerebro dejara de distorsionar la realidad y tuviera los nutrientes suficientes para funcionar a la perfección.

Dejar de ir al gimnasio era imposible para mí, porque lo consideraba mi escape de la realidad y era la única cosa buena que hacía por mi cuerpo. Definitivamente el problema no era el lugar, sino las tres horas extras que pasaba allí.

Por otra parte, dejar de contar calorías sería un problema. Con cada alimento, aunque sólo fuera una pequeña mordida, mi cerebro comenzaba a sumar. Sabía el número exacto de calorías de todas esas comidas que entraron a mi sistema digestivo los últimos cuatro años.

Una vez que tuvimos claros estos tres objetivos principales, me senté a descifrar la mejor estrategia para lograrlos. En ese momento no importaba qué tan cuerdo o no sonara mi plan: tenía que hacer todo lo que estuviera en mis manos para poder comer sin miedo, dejar de ir cuatro horas al gimnasio y no contar calorías. Tenía que hacer un pequeño plan para cada una de las tres metas.

La estrategia para reducir las horas que pasaba en el gimnasio entrenando fue sencilla. Esto no quiere decir que no lo sufría y lloraba cada vez que no podía hacer ejercicio dos horas como mínimo, sin embargo, encontré una forma de ver el lado positivo a no poder entrenar tanto tiempo.

Comencé a ir al gimnasio una hora antes de ver a Mateo. Ya sé, suena muy tonto, pero eso me ayudó. Iba al gimnasio con el tiempo exacto para hacer unos cuantos ejercicios e ir a bañarme. Así, en lugar de sufrir porque no podía seguir entrenando, me emocionaba porque sabía que lo vería a él. Los problemas surgían cuando no hacíamos planes. Iba al gimnasio una hora y me subía al coche llorando. Podía quedarme, pero me obligaba a irme de ahí.

A su vez, para evitar el conteo automático de calorías, mi estrategia consistía en que, cada vez que comenzara a calcular, tendría que desviar mi mente y pensar en otra cosa. No importaba qué tan tonto o interesante fuese el pensamiento, sólo debía concentrarme en cualquier otro asunto. Era difícil, porque mi cabeza todo el tiempo quería regresar a la suma de calorías. Era una lucha constante conmigo misma para calmar mi conciencia.

Ahora bien, perderle el miedo a la comida era un logro mucho más complicado. Los primeros meses lo cambié por comerme simplemente todo lo que estuviera en mi plato al servirme, ya que esto impediría atracones.

No tienes idea la cantidad de veces que lloraba mientras cenaba. No quería acabarme la comida, pero me obligaba a hacerlo. Tenía que comer y no había otra opción. Quería que mi cerebro estuviera sano para poder ver el proceso de recuperación sin distorsiones de realidad y lograr el cumplimiento de esos pequeños objetivos que diario me planteaba.

Todos los días me despertaba con esos tres objetivos en la mente. No me concentraba en lograrlos para siempre. Simplemente me enfocaba en cumplirlos ese día. Únicamente me importaba el presente. No quería pensar en el pasado y todo lo que había ocasionado, ni en el futuro y todo lo que me faltaba por lograr. Solo tenía que pensar en el presente y alcanzar mis metas ese día.

El plan trazado era muy poco convencional y estaba basado en la confianza de la voluntad que tendría para hacerlo. Generalmente, los trastornos de la conducta alimentaria se tratan con un equipo especializado en nutrición, psicología, psiquiatría y medicina, pero yo no quería caer en una rutina donde sintiera que dependía de muchas personas. Sabía que eso sería muy difícil para mí. En su lugar, quise tratar de arreglarlo por convicción propia y decidí luchar directamente con mi mente y mis emociones.

El primer mes fue demasiado difícil. Fue un período de desintoxicación en el que esas metas que me proponía todos los días parecían imposibles de lograr. Fueron jornadas de fallar y llorar. Quería rendirme.

Al final, una cosa es vivir en el infierno, otra aceptar que vives en uno y algo aún más difícil es salir de éste, sobre todo si sólo existe en tu mente y se refleja de alguna manera incomprensible en tu cuerpo.

Ya tenía mis pequeñas metas claras. Sabía que quería alcanzar el objetivo global de dejar el trastorno alimenticio atrás, sin embargo, cada día que pasaba se sentía como una pesadilla más grande. Me dolía pensarlo. Sufría no lograr los objetivos todos los días. No quería seguir estando consciente de lo que estaba haciendo. Simplemente quería hacerlo. Y así, como por arte de magia, un buen día entré en *modo avión*.

Sí, era la única manera de enfrentarlo.

CAPÍTULOSEIS

A OCHO MIL KILÓMETROS

Peso: 49 kilos

Los dos meses siguientes a la aceptación de mi trastorno de la conducta alimentaria (TCA), me desconecté de mi mente y viví en modo automático. No tengo muy claro nada de lo que sucedió. Fue como, si al sentir tanto dolor, mi cerebro hubiera decidido apagarse para no sufrir y poder tomar acción sin que se me rompiera el corazón en mil pedazos todos los días.

Fue como una estrategia de defensa que ocurrió de repente. Durante esos dos meses no volví a tocar el tema con Marisa. No quería sentir que era una lucha que estaba presente. Ya sabía lo que tenía qué hacer y simplemente lo hacía sin pensar. Si no pensaba, no dolía tanto.

Esos dos meses en neblina me fue bastante bien, o mínimo no recuerdo que me hubiera ido mal. Fue un período de tiempo en el que ya había aceptado mi problema, pero no quería tener que seguir pensando en éste, y a decir verdad, tampoco fue necesario hablar del tema. Marisa no me presionó para contarle mi proceso y la vida tampoco me estaba dando motivos para tener que meditar la situación.

No hablar de aquel conflicto durante esas semanas, me permitió seguir mis estrategias decidida y sin pensar mucho. Poco a poco, fui dando pequeños pasos, sin analizarlos. Simplemente seguía avanzando. No me permití dudar. Sólo me desconecté y decidí continuar con mi lucha.

Por otro lado, sabía que contaba con el apoyo incondicional de Marisa y que podría hablar de mi rehabilitación las veces que quisiera, pero sentía que seguir usando mi hora semanal de terapia para hablar de la situación, era como seguir atorada en el círculo vicioso. Ya lo habíamos desglosado, sabíamos qué sucedía y cómo solucionar aquel problema. Yo únicamente quería tener un espacio para hablar acerca de las situaciones que muchas veces no quise afrontar y que me llevaron a la anorexia y bulimia.

Para mí, fue de mucha ayuda actuar de manera automática sobre aquel conflicto y hablar con mi psicóloga sobre las demás situaciones de mi vida. El diálogo con Marisa me hacía fuerte y me evitaría volver a caer por no saber cómo manejar ciertas cosas o sentir que perdía el control.

Todo iba de maravilla con mi *modo avión*. Iba tranquila flotando por la vida. El cumplimiento de mis metas, según yo, iba excelente. Claro, te digo según yo, porque obviamente no recuerdo con claridad nada de lo que sucedió.

Como sea, lamentablemente, mi mundo de tranquilidad duró apenas dos meses. Todo parecía ir bien, hasta que la vida me enfrentó nuevamente al trastorno alimenticio.

Era la primera vez que, después de haber aceptado que sufría de anorexia y bulimia, tendría que tomar conciencia de la situación para no perderme de nuevo. Fue un enfrentamiento tan directo, que me fue imposible seguir con mi *modo avión* y tuve que *reconectarme* para evitar un tropiezo.

Todo esto ocurrió, porque ese verano mis papás planearon un viaje a Europa. Honestamente no estaba emocionada al respecto. Iríamos a ciudades que no conocía, y aunque todo el mundo ama los viajes, para mí no era un buen momento. No quería dejar de ver ni a Mateo ni a Marisa.

Hablé con los dos en diferentes momentos para explicarles que me sentía vulnerable si estaba lejos de ellos, sin embargo, la respuesta de ambos fue decirme que aprovechara y disfrutara la oportunidad.

Claro, ésa es una respuesta correcta para cualquier persona en su sano juicio, pero en serio me aterraba la idea de separarme de ellos y estar sola con mi familia dos semanas. Lo único que quería es que algo me impidiera ir al viaje.

Ya sé lo que estás pensando: dos semanas no es nada, pero para mí era una eternidad, sobre todo porque cuando trataba de hablar con mis papás del tema, lo eludían…

¡Espera! Nunca te conté cómo se enteraron mis papás del trastorno alimenticio, ¿cierto? ¡No puedo creer que se me olvidara! Regresemos la historia unos dos meses atrás al día que le conté a Mateo. Prometo que continuaremos con Europa. Recuerda en dónde nos quedamos…

Mateo acababa de sacarme toda la información respecto al trastorno alimenticio. Como te podrás imaginar, yo estaba hecha un mar de lágrimas. Él me había prometido luchar conmigo, pero no podía parar de llorar. Fue verdaderamente un paso muy difícil aceptar la situación después de cuatro años de negarla.

Llegó la hora de que Mateo se fuera a su casa y yo seguía llorando como si me hubieran cortado un brazo sin anestesia. En serio, se estaba cayendo el mundo a pedazos.

Mis papás creían que no me daba cuenta, pero tenían la costumbre de meter a mi perrita Nina (te conté de ella hace algunos capítulos) a su cuarto todas las noches. Como ella dormía conmigo, de esta forma, podían saber a qué hora llegaba a la casa o cuando Mateo se había ido, porque tenía que ir a buscarla a su cuarto antes de irme a dormir. Odiaba que hicieran eso, pero bueno... el punto es que, como todas las noches, Nina estaba con ellos.

Cuando Mateo se fue, me puse el pijama y fui por mi perrita. Obvio se dieron cuenta de que su hija estaba llorando intensamente. Me preguntaron varias veces qué me sucedía y no quise contestar a ninguna de sus preguntas.

Me metí a mi cuarto para acostarme y mi papá entró corriendo. Me hizo sentarme en la cama. No te miento: estuvo como 20 minutos preguntándome qué me pasaba. Como yo no dejaba de llorar y no le decía absolutamente nada, el pobre hombre se empezó a preocupar. Después de varios intentos, las lágrimas sólo aumentaban y me agitaba más. No quería contarle nada. Nada más quería que se fuera y me dejara dormir.

Pasaron aproximadamente otros 15 minutos. Fue entonces cuando le cambió la cara. Por lo que me dijo en ese momento, mi papá estaba insinuando que estaba embarazada.

Casi me desmayo del susto. Primero que nada, eso era imposible. Aquello no tenía nada que ver con lo que estaba sucediendo.

Tuve que hacer un rápido análisis de pros y contras. Definitivamente prefería que supieran que llevaba cuatro años con anorexia y bulimia a que comenzaran a pensar en nombres de bebé. No tuve más opción que contarle todo.

Después de ese día, el tema de los trastornos alimenticios se volvió delicado con mis papás. Cada vez que cualquier persona ajena a nosotros mencionaba algo sobre una persona con un trastorno, ellos la defendían a capa y espada, ya fuera anorexia, bulimia, vigorexia, etc. Sin embargo, cuando yo trataba de hablar con ellos al respecto, era como si escuchara su corazón romperse. Evitaban el tema.

Así, me preguntaban de otras cosas, me contaban historias o lo que fuera con tal de no hablar de mi situación. Sabía que les dolía y tardarían en poder hablar sobre aquel asunto, pero me hubiera encantado desahogarme con ellos, porque en serio lo necesitaba.

Bueno, regresemos al viaje a Europa. La idea de estar dos semanas sola con mis papás, que no querían hablar de mi problema (o al menos eso me demostraban), me estaba volviendo loca. Ciertamente, estaría mi hermano menor, quien todavía no sabía nada al respecto, pero con quien me llevaba muy bien. No obstante, el verdadero problema estaba con una queridísima tía que quería mantener su peso y estaba empezando a contar calorías.

Una parte de mí sabía que, durante esas dos semanas, tendría que desactivar el *modo avión* y poner toda mi energía disponible para regresar del viaje sin ningún retroceso en mi rehabilitación.

Fueron dos semanas horribles, a pesar de haber conocido lugares maravillosos. Me enamoré de varias ciudades y tomé miles de fotos. Creo que no te lo había dicho, pero en realidad disfruto muchísimo viajar: me encanta conocer lugares, culturas, gastronomía y todo lo que implica estar en nuevos sitios.

Pero ese viaje, esas dos semanas, fueron espantosas. Mi hermano se enteró de todo mi problema el primer día. Me peleé con mis papás y necesitaba hablar con alguien. Él era el único disponible. Acabábamos de llegar a Viena y ya me quería regresar, sin embargo, Gabriel siempre había sido mi cómplice, así que nos escapamos y fuimos a un bar por esos tarros de cerveza enormes. Ese día le conté todo. Me acuerdo perfecto de su cara de preocupación, pero también que, a pesar de ser tres años menor que yo, me abrazó fuerte y me dijo que saldría adelante y que él estaría ahí para apoyarme en todo.

Me fue muy difícil estar lejos de Mateo esas dos semanas. Lo extrañaba demasiado. El plan original era que él me acompañaría al viaje, sin embargo, por cosas del destino no pudo ir y me dejó sola con mis papás. Sentía que mi compañero me hacía falta.

Por su parte, mi tía no dejó de recordarme durante todo el viaje cuántas calorías contenían los panes y cuántos pasos necesitábamos para bajar todo lo que comíamos. En serio me empecé a desesperar como no tienes una idea. Cada vez que nos sentábamos a comer era una batalla por no contar calorías, pero para colmo de males, tenía a una persona junto a mí que me lo estaba recordando a cada bocado.

Creo que me peleé con mis papás casi todos los días. Esa falta de apoyo que sentía de su parte y la evasión al tema que estaba latente, me mataba. Explotaba por cualquier cosa. Solo quería que me escucharan y me abrazaran, pero hacían todo lo contrario. Pensaba que no me querían escuchar hasta que estuviera bien.

También exploté por su perfección fingida. Ya tenía muy claro que una de las causas del trastorno alimenticio era sentir una presión por alcanzar un estereotipo imposible de perfección y una incapacidad de expresar emociones socialmente inaceptables.

Los sentimientos nos pueden hacer sentir que perdemos el control y mis papás eran fanáticos de esto. Por lo tanto, yo también debía serlo, sin embargo, al no poder controlar mis emociones, quise aprender a controlar otros aspectos de mi vida, como mi peso o mi cuerpo con el consiguiente daño que ya he narrado a lo largo de estas páginas.

Luego entonces, cada vez que sentía que me estaban orillando a ser alguien perfecto o cumplir con algo que a ellos les haría feliz, explotaba. Por supuesto, me hubiera encantado sentarme con ellos a explicarles la presión que tenía y lo agobiada que me sentía cada vez que hablaban de lo que esperaban de mí, pero una vez más, al tocar el tema, huían.

La última pelea terminé tirada boca abajo llorando a mitad del cuarto del hotel en Madrid. Ni siquiera recuerdo cómo empezó el pleito ni el porqué. Sólo me acuerdo que no podía con la desesperación de no sentirme querida ni entendida en ese cuarto y le marqué a Mateo. Él era el único que me comprendía.

Lloré en el teléfono durante media hora. El pobre estaba trabajando (ya sabes, por la diferencia de horario) y su novia a ocho mil kilómetros de distancia, tirada en un cuarto de hotel en Madrid llorando por videollamada. Como siempre, se tomó el tiempo para tranquilizarme y mandarme mucho amor a distancia. Era impresionante el cariño con el que me trataba.

Regresé a mi casa derrotada después de 15 días horribles. Utilicé todas mis fuerzas para evitar retroceder en mi proceso de recuperación. A mi parecer lo logré, pero esto significó llegar a casa exhausta. Estaba agotada mentalmente.

De vuelta a mi rutina, repasé mis objetivos y volví a activar el *modo avión* en mi cerebro, una vez más sin darme cuenta. Creo que esta parte del proceso me permitió hacer de esas metas una costumbre, sin sentir dolor en el camino. ¡Espera! ¡No quiero que mal entiendas! Sí me dolía, pero había sufrido tanto al respecto que ya no quería sentir.

Marisa dice que eso, en ocasiones, sucede con las personas que están en duelo. Se desconectan el tiempo que consideren necesario para no sentir dolor y poder superar el proceso, es decir, hay una especie de negación hasta que uno está preparado para afrontarlo.

Mi *modo avión* después del viaje duró aproximadamente unos seis meses más hasta que un día me di cuenta que llevaba varias semanas yendo al gimnasio una hora sin sentirme culpable al respecto. Todo lo contrario: lo disfrutaba.

Tampoco estaba contando calorías. Ya no era necesario que desviara mi mente, obligándome a pensar en otra cosa. Simplemente ya no lo hacía.

Me comía todo lo que estuviera en mi plato y lo disfrutaba. Desayunaba muy bien, comía lo que hubiera en mi casa y cenaba riquísimo con Mateo. De hecho, si nos quedaba espacio en el estómago, comíamos postre. La comida ya no era un tema preocupante y sabía que comer una pasta en mi restaurante favorito, no significaba que tendría una panza enorme al día siguiente. Estaba convencida de esto.

Cuando asimilé que ya había dominado esas pequeñas metas propuestas meses atrás, comencé a querer hablar de lo que viví con la gente cercana a mí.

Tuve varias sesiones con Marisa tratando de desglosar la situación. Quería entender las causas que originaron el problema, así como comprender el proceso que viví para poder aceptarme con todos los errores y malas decisiones que había tomado durante los últimos años.

Me acerqué a mis papás para explicarles mejor lo que sucedió conmigo. Ellos no querían escucharlo, o tal vez, no estaban preparados para hacerlo. Poco a poco, les fui contando pequeñas partes de la historia para que pudieran entender el proceso que viví y entendieran cada una de mis actitudes. Nunca les conté con exactitud lo que sucedió conmigo ni quise entrar a detalle sobre lo que pasó en mis peores momentos, pero sentía que era importante que supieran y entendieran cómo comenzó todo, así como las partes que los involucraban a ellos. Quería que entendieran que no podían controlar mi vida y que no quería seguir *el librito de la perfección*. Les expliqué que siempre me sentí presionada por cumplir sus requisitos y ya estaba cansada de hacerlo.

Mis amigas muy cercanas se enteraron de lo que había vivido. Recuerdo que cuando se los conté enseguida comprendieron muchas cosas. Era como la pieza del rompecabezas que les faltaba para entender mi vida. Me hicieron muchas preguntas. Era como si quisieran entenderlo todo. Se aseguraron de que ya estuviera mejor y me ofrecieron su ayuda incondicional.

A Mateo le conté varias partes que no había podido decir tan explícitamente. Por primera vez después de varios meses, logré que de mi boca salieran palabras que no había podido decir. Empecé a decirle frases como: "Me preocupa esa niña, porque siento que tiene bulimia como yo", "estoy preocupada, porque me siento muy triste y no me quiero perder otra vez", "vamos a comer ese postre. Cuando tenía anorexia nunca quise".

Jamás en la vida había podido ser tan directa y clara al respecto, pero ahora ya podía hacerlo. Necesitaba hacerlo. No quería que fuera un tema tabú.

Bulimia. Anorexia. Ya podía nombrarlas.

CAPÍTULOSIETE

NÚMERO NO ENCONTRADO

Peso: irrelevante

Lentamente, algo que tardé cuatro años en poder admitir, se volvió un asunto del que podía platicar sin miedo. Me cuesta mucho explicarlo, pero trataré de darme a entender, porque para mí fue un proceso de rehabilitación impresionante. De hecho, Marisa me confesó que nunca creyó que pudiera sanarme al 100%.

Después de que logré admitir que tenía anorexia y bulimia, y tras meses muy oscuros de lucha interna constante y depresión muy fuerte, mi mente activó una especie de bloqueo automático, como si se tratara de proteger.

Sin embargo, antes de poder bloquearme, tuve que aceptar, con todo el dolor del mundo, que estaba muy mal y que salir de la pesadilla iba a doler muchísimo. Por encima de todas las cosas, tuve que entender que no me podría presionar para recuperarme de inmediato y también que había la posibilidad de que nunca me recuperara totalmente.

Tuve que decirme a mí misma: "Estás mal. Puede ser que nunca estés bien otra vez y no hay problema con eso". Me dolía mucho decirme que no me podía presionar a estar perfecta, no sólo porque ya había entendido que la perfección no existe, sino también porque estaba muy mal. En esa condición, no podría presionarme a estar bien de la noche a la mañana.

La parte más dolorosa fue la aceptación. Al darme cuenta de mi problema, el dolor que me causaba y lo que le podría causar a las personas que me rodeaban, decidí poner manos a la obra. Este proceso requería de objetivos claros y estrategias para lograrlo poco a poco.

Pasaron unos cuantos días (o unas cuantas semanas) y se activó el bloqueo automático. Mi mente ya sabía qué hacer, pero mi corazón no lo podía seguir sintiendo. Una parte de mí (de la que no soy consciente) decidió que lo mejor era no sentir lo que ocurría. Ya había sufrido demasiado y dedicado mucho tiempo creando el plan de ataque. Era como si mi corazón supiera que no podía seguir con aquel desgaste.

No te puedo decir el momento exacto en el que *el modo avión* en el que estaba mi corazón decidió desactivarse, pero, poco a poco, los objetivos que antes me parecían imposibles, ya eran parte de mi día a día.

Un año después de aceptar que tenía un trastorno alimenticio muy fuerte, pude, de pronto, analizar la situación. Entendí que debía hablar del tema, no sólo por mí, sino para explicarle a mis personas cercanas lo que había sucedido.

Además, comencé a sentir la necesidad de ayudar a las personas que pudieran estar en una situación como en la que yo estuve.

Cuando tienes un TCA, aparecen muchas conductas que se repiten (de una u otra manera), y conforme fueron pasando los días, cada vez sentía más la necesidad de ver por estas personas. Empecé a luchar contra los comentarios agresivos que propician los trastornos alimenticios. Me acerqué a la gente que pudiese necesitar apoyo, porque sabía el dolor que podrían llegar a sentir.

Mis sesiones con Marisa comenzaron a tratarse acerca de mi anorexia y bulimia. Quería entender qué era lo que había sucedido, cómo y por qué pasó. Quería comprender todo para poder perdonar a mi mente por haberme jugado mal y a mi corazón por haber sufrido tanto durante mucho tiempo.

También necesitaba entender que, aunque ya no tuviera un trastorno alimenticio activo, éste siempre estaría ahí. ¡Tranquilo! ¡Tranquila! No quiero sonar fatalista ni que creas que todo esto no sirvió de nada.

Al contrario, entender que tuve un problema grave y que sería muy difícil que desapareciera para siempre, me ayudó a que se fuera casi por completo, sin embargo, nunca dejo de cuidarme. Ya no me presiono por siempre estar con todo *bajo control*, pero trato de cuidar lo que veo y lo que hago para evitar caer otra vez.

Ya pasaron tres años desde que comenzó mi proceso de rehabilitación. Sacando cuentas, hace dos años me recuperé al 99% de los trastornos alimenticios (digo esa cifra, porque, ya sabes, es algo que siempre va a estar de cierta forma).

Mi rehabilitación fue un proceso peculiar, en el que se juntaron varios factores. Primero, encontré a una persona con la que finalmente sentí que podría cometer errores y que me seguiría amando sin importar qué pasara.

Por otro lado, el destino me permitió encontrar a una gran psicóloga que me llevó de la mano durante todo el proceso. Mis ganas de salir del infierno hicieron que, a pesar del dolor, siguiera luchando para hacer a un lado el TCA. Me di cuenta de los recursos, el coraje y la fuerza que hay en mí y cómo éstos podían impulsarme hacia la felicidad.

Por supuesto, no siempre está todo bien en mi vida. Tres años después, sigo teniendo días malos. A veces me siento muy triste y pareciera que la vida me sigue poniendo a prueba, porque llevo meses con situaciones difíciles que parecen sacadas de verdaderos dramas que se llevarían un premio Oscar.

El primer momento difícil, después de dejar atrás los trastornos alimenticios, me costó mucho superarlo. Antes, cualquier problema lo *dirigía* hacia la comida. ¿Recuerdas por qué? Toda la falta de control que tenía con muchas situaciones en la vida, debía tenerla en mi cuerpo, lo único que yo *podía controlar*, hecho que derivaba en atracones, ayunos peligrosos y excesivas horas en el gimnasio.

Después de recuperarme, tuve que aprender a aceptar mis sentimientos, y más importante, permitirme vivirlos. Eran acciones que hace tres años no podía hacer. Me costó muchísimo contactar con mis emociones, sobre todo con las que se catalogan como negativas. No sabía lidiar con la tristeza, la preocupación, el estrés, los nervios, el fracaso, la decepción o la ansiedad. Tuve que darme tiempo para entender cada una de ellas y experimentarlas. Fueron momentos muy duros, pero estaba segura que no quería regresar a la anorexia ni a la bulimia.

Emocionalmente fui progresando. También seguí viendo a Marisa una vez por semana. Con su ayuda, fui entendiendo mis sentimientos y acomodando a cada uno en el lugar apropiado. Esto es algo que todos los humanos debemos aprender a hacer, pero como yo llevaba 21 años reprimiéndolos, no sabía cómo debía sentirme ni cómo expresar mis emociones. Para que tengas una idea, ni siquiera sabía si estaba sintiendo la emoción adecuada ante cada situación. Creía que todo estaba escrito en algún lado y que existían reglas para cada uno de los sentimientos.

Fueron pasando las semanas, y poco a poco, pude perdonar y entender a mi corazón. Por todo ello, no me exijo emociones ni me presiono para estar siempre feliz como si mi vida estuviera permanentemente bajo control. Me permito sentir cada sentimiento y entender el origen de cada uno. Una vez que los entiendo, trato de solucionar la situación que me está haciendo sentir mal. En caso de que no esté en mis manos resolverlo, busco una forma de canalizarlo y hacer actividades que me relajen.

Hablando de eso... bueno, no sé si debería contarte esto, ya sabes, es un libro sobre trastornos alimenticios y está un poco extraño que hable de mi físico, sobre todo porque fue algo que me afectó mucho, pero, bueno, como realmente mi cambio es significativo y estoy muy contenta al respecto, creo que valdría la pena que te platique un poco sobre el tema.

Una de las obsesiones alrededor del trastorno de la conducta alimentaria era alcanzar ese cuerpo perfecto. Sentía que no lo conseguía y cada vez me veía a mí misma de peor manera.

Asimismo, ya te platiqué cómo mis pequeños objetivos diarios se volvieron mi forma de vida. Uno de ellos era ir al gimnasio y disfrutarlo, sin excederme con el tiempo ni con las rutinas. Creo que una de los aspectos que más nos aterra a las personas que queremos salir de un trastorno alimenticio, es dejar ir la idea de un cuerpo perfecto y entender que tenemos que querernos como somos.

Por supuesto, cualquiera siente temor por dejar ir esa rutina ficticia que nos creamos para *mantener el cuerpo*. A mí me pasaba exactamente eso. Otra de las cosas que también me daban terror era que, si abandonaba la *dieta*, mi cuerpo subiría de peso como 50 kilos.

Pero eso jamás pasó. El cuerpo es sabio, y por ello, creo que vale la pena que te platique un poco (sin darle tanta importancia) de lo que sucedió con mi físico durante y después de la rehabilitación.

Los primeros meses, cuando me tenía que obligar a comer, me seguía viendo a mi misma gorda. No me veía con más peso (de hecho no estaba gorda, pero ya hablamos de todo eso...) solo me veía *igual de gorda*. Así, como realmente necesitaba comer, me olvidé de la báscula los primeros dos meses. Comía todo lo que estaba en mi plato en el desayuno, la comida o la cena, pero me seguía viendo a mí misma exactamente igual.

Después de los primeros dos meses, agarré un poco más de confianza y decidí subirme a la báscula. No sé si te fijaste, pero al inicio del capítulo cinco decía que pesaba 49 kilos. Bueno, poco a poco, fui subiendo hasta llegar a los 52, aunque nunca me di cuenta de esto. Yo me vi exactamente igual durante todo ese tiempo, situación que me hizo sentir bien, porque entendí que, a veces, unos kilos más o unos menos, no afectan tanto como creemos.

Fue en ese momento cuando decidí subirme a la báscula más seguido. Quería asegurarme que mi peso no cambiaría mucho si seguía comiendo bien. Pensaba que, aunque algunos días pesaría más y otros menos, me vería prácticamente de la misma forma. Esto fue importante, porque no quería permitir que mi mente me engañara de nuevo.

Durante los siguientes seis meses, la báscula se mantuvo en 52 kilos. Con esto, lentamente, fui entendiendo que no estaba gorda. Cada vez que me subía al aparato, mi mente sanaba un poco, porque comprendía (aunque sea por un segundo) que lo que estaba viendo en el espejo era falso.

Siguieron pasando las semanas. Cada dos o tres días me pesaba y corroboraba que mi peso siguiera más o menos en los 52 kilos. Me quedaba un buen rato viéndome al espejo. Así, ese cuerpo que yo veía enorme, comencé a verlo de 52 kilos. De hecho, me empezó a gustar lo que veía. Además, entendía que, por más que mis ojos quisieran ver un cuerpo de 80 kilos, esto no era real: la báscula marcaba con toda claridad 52.

Con el tiempo, decidí olvidarme de ella y sus numeritos. Ya había comprobado durante varios meses que mi peso no variaría mucho por comer pollo con verduras y arroz (por decir un ejemplo). Entonces decidí dejarme de pesar tan seguido y darme mis gustos de vez en cuando sin estresarme al respecto.

Me dejé de pesar por seis meses. Ya había pasado bastante tiempo y me sentía muy contenta con mi cuerpo. Cada día me gustaba más lo que veía. El gimnasio se volvió mi hora de relajación y disfrutaba cada segundo de la hora que entrenaba.

Un año después de haber aceptado el problema y ya habiéndolo superado, decidí subirme a la báscula otra vez. No tenía idea de cuánto pesaría. Había disfrutado mi estilo de vida saludable sin angustiarme y había entrenado en el gimnasio no más de cinco días por semana.

Y sí, el cuerpo es sabio, y cuando le enseñas a comer bien sin saltarte ninguna comida, así como a entrenar lo necesario, éste se adapta y aprende.

Para mi sorpresa, había bajado varios kilos y se notaban mis músculos (sólo estaba tonificada, no te imagines a Hulk) sin una dieta estricta ni un entrenamiento fuerte para lograrlo. Únicamente había disfrutado el proceso...

Ya nos acercamos al final y pareciera que en mi vida todo está resuelto. Pero ése no es el caso en absoluto: nada está ni es perfecto.

Al ir creciendo, la vida se vuelve más difícil. En efecto, ha sido un año de muchos retos y situaciones complicadas. Estoy segura que cada vez se va a complicar más, porque la existencia no es fácil ni viene con instrucciones.

Y nuevamente lo vuelvo a repetir: el trastorno alimenticio ya no está presente, pero nunca se irá del todo. Estoy consciente de que tuve un problema muy grave y evito a toda costa cualquier comportamiento que pueda volver a dañar mi mente. Cuido lo que veo y lo que digo, me cuido a mí misma, como tres veces al día, aunque no siempre tenga hambre o ganas, y voy cinco días al gimnasio, a pesar de que hayan semanas en las que esté muy estresada y quisiera entrenar de lunes a domingo, tres horas cada día.

Asimismo, digo las cosas por su nombre y defiendo al cuerpo humano evitando esa imagen que cada uno tiene del *cuerpo ideal*. Entiendo a mi físico y me doy descanso cuando siento que no tengo suficiente energía para entrenar.

Cuando estoy muy triste o con mucho antojo (casi siempre es el antojo) me doy gusto y como cosas deliciosas, ya sean helados o chocolates. No me presiono por siempre comer estrictamente bien o únicamente alimentos dietéticos.

Tengo días muy tristes, pero estoy consciente de que tuve una depresión muy fuerte, así que concentro mi energía en entender el porqué de cada sentimiento y canalizarlo a lo que está sucediendo. Me trato de animar sola y hago cosas que despejan mi mente para relajarme. Entiendo que a veces necesito un descanso y duermo para descansar. Hay días en los cuales estoy muy enojada y prefiero no ver a nadie. Siento muchas cosas y las siento intensamente. Me dejo sentir y trato de entender los sentimientos sin que se apoderen de mí. No me presiono para estar siempre feliz, pero me motivo para tratar de estarlo.

Sí, de alguna forma mi TCA terminó, pero esta historia sigue y se trata de perdonarme por mis errores, quererme como soy y en tratar de ser mejor. Esta es la historia de dar mi máximo esfuerzo y disfrutar la vida. Seguramente caeré, pero tendré que levantarme y seguir.

Y no, no quería que el tema de la anorexia y bulimia se volviera algo prohibido para mí. Contarlo me hace sentir mejor y darme cuenta que, a pesar de ser un camino difícil y estar muy mal, hay formas de salir del infierno por más horrible que parezca.

Por supuesto, me hubiera encantado encontrarme con un libro así durante mis momentos más oscuros y saber que existen muchas personas en la misma situación. Además, me habría ayudado a darme cuenta que, por más difícil que fuera una situación, siempre hay soluciones, y que muchas veces, aunque éstas se conocen, pueden no ser la mejor para ti. Sin embargo, cualquier problema se supera si pones de tu parte.

Así, no importa qué estés viviendo, lo que hayas vivido o lo que vayas a vivir en un futuro. Espero que este libro te sirva de algo. Puse gran parte de mi corazón en esta historia y ahora está en tus manos, por lo que prácticamente se podría decir que somos amigos.

Considero que es una historia que rompe con el paradigma que tenemos acerca de las familias perfectas en las cuales no se cometen errores. Las *familias perfectas* somos las más imperfectas, porque, además de tener errores, nos gusta ocultarlos.

En otro orden, ésta también es una historia de cómo coincidir con ciertas personas en la vida puede ser tan significativo. También de cómo las ganas de vivir pueden ser toda la fuerza que se necesite para salir triunfante de cualquier batalla.

Puede que te estés preguntando: ¿aquí acaba la historia? Pues sí: fue una pesadilla, pero desperté de ella. Te la estoy contando siete años después de que empezara.

¿Hacemos cuentas?

Hace tres años y cinco meses le admití a mi psicóloga que tenía anorexia y bulimia.

Han pasado tres años y tres meses desde que me fui a Europa con mi familia.

He ido a terapia durante cuatro años.

Aproximadamente hace dos años me recuperé de la anorexia y bulimia.

Tras haber vencido los trastornos, decidí hacer una retroalimentación para poderte explicar las actitudes que me ayudaron en el proceso de recuperación. Son muy personales, pero puede ser que te sirvan de algo.

Primero aprendí la importancia de pedir ayuda. No puedo conquistar el mundo yo sola. Hay momentos en los que necesito que alguien me acompañe para superar los obstáculos que la vida me pone. No es malo pedir ayuda: somos humanos y necesitamos de los demás para sobrevivir. Desde los tiempos de las cavernas, empezamos a vivir en comunidad para poder cazar mamuts entre todos.

Por si esto fuera poco, no sólo se trata de pedir ayuda, sino de aprender a recibirla. Muchas personas que me quieren me ofrecieron su mano durante mi proceso, no porque me creyesen incapaz, sino como una forma de demostrarme su amor.

Asimismo, entendí que es de humanos fallar. Aprendí a dejarme tropezar y a cometer errores. Me costó mucho entenderlo, porque toda la vida tuve estándares muy altos. Pero a costa de sufrimiento, me quedó muy claro que esa perfección no existe. La vida se trata de dar tu máximo esfuerzo. Si aún así no fue suficiente, hay que estar satisfecho, porque diste todo de ti para obtener un buen resultado.

Además me enseñé a aceptar cada una de mis emociones. Fue muy importante entender cada una de ellas y permitirme sentirlas. No reprimir nada de lo que siento, sino estar consciente de lo que estoy sintiendo y no dejarme llevar. Simplemente entenderme y dejarme sentir.

Comencé a disfrutar el cuidado de mi cuerpo. No se trata de descuidarse, sino de estar sano con todo lo que esto implica: cuerpo y mente. Es esencial proteger ambos aspectos, y aunque a veces sienta que debo hacer ciertas cosas por mi cuerpo, es indispensable cuidar que no dañen mi mente. Disfruto ir al gimnasio, comer saludable y rico y darme los gustos que quiera cuando quiera.

Finalmente, lo más importante: demostrar y que me demuestren afecto. Fue muy importante para mí sentirme querida incondicionalmente, a pesar de no ser perfecta y no poder cumplir con mis estándares todo el tiempo. Entendí que hay personas que me aman de verdad y que no me están poniendo a prueba constantemente, sino que puedo contar con ellas sintiéndome profundamente querida.

Sé lo que estás pensando… Mateo… no, no creas que se me olvidó hablarte de él. Este libro no se trata de una historia romántica ni de un príncipe azul. Pero entiendo que estés intrigado o intrigada. Te hablé tanto de Mateo que es normal que tengas curiosidad sobre el tema. Por ello, temo decirte que, dos años después de mi recuperación, Mateo y yo terminamos.

Si le preguntas a nuestros amigos y familiares, cada uno tendrá una versión de la historia, en la cual el malo del cuento será la persona con quien no tienen el parentesco o la amistad. Como no estás hablando con ninguno de ellos, te contaré la mía.

A pesar de tener una relación increíble, la vida se nos fue complicando como era de esperarse en unos jóvenes adultos. Mateo fue un gran soporte, y sin lugar a dudas, fue un salvavidas puesto especialmente en un océano para ayudarme a salir del problema en el que estaba.

Sin embargo, sucedieron varios infortunios en la vida de Mateo que hicieron que su mundo cambie de un día para otro. Y no, ninguna de esas situaciones tuvieron que ver conmigo. Basta decir que atravesó por un momento difícil y que, a diferencia de mí, que me gusta resolver las cosas en equipo, él prefiere solucionarlas por sí solo.

Durante muchos meses traté de aferrarme a esa relación, aunque sentía que Mateo ya no quería estar conmigo. No sé ni cómo explicarlo, pero se siente cuando alguien ya no quiere seguir.

Mateo estaba tan concentrado en solucionar sus problemas, que me alejaba cada vez más. El apoyo incondicional que él significó para mí y el amor infinito que yo le tenía, hizo que luchara por esa relación hasta desgastarme emocionalmente, pero ésa es una historia para otro libro...

Ahora mismo, basta decir que no terminamos siendo la pareja que me hubiera encantado que fuéramos. Por supuesto, me costó perdonarlo, entender que su manera de resolver los momentos difíciles era diferente a la mía, pero sobre todo aceptar que no era el amor de mi vida.

Algo que entendí tiempo después es que algunas personas llegan a ti para ser parte indispensable de tu camino y para que no te pierdas en el proceso de encontrarte. Llegan con el único propósito de ayudarte, pero una vez que cumplieron su objetivo, se van sin dejar rastro...

Y ahora sí creo que no se me olvidó nada. Me despido, esperando de todo corazón que este libro te sirva para algo. Ojalá pueda evitar que vivas lo mismo que yo. Si te identificas con alguna de mis actitudes, pide ayuda. Hacerlo es de valientes, pero aceptarla es de gigantes.

Por último, aquí te va el mejor de los consejos: no dejes que una báscula te defina. Somos más que números. Mucho más.

Fin

ACERCA DEL AUTOR

Siempre me han llamado la atención los libros. Me encanta la magia que puede haber detrás de cada página. Sin embargo, nunca pensé que yo escribiría uno, mucho menos imaginé que estaría en tus manos.

Pero aquí estamos, así que, antes de que compartamos estas páginas, me gustaría contarte un poco acerca de mí.

Estudié mercadotecnia en la Universidad Marista de Mérida. Me encanta el mundo de los negocios, sobre todo la parte de las estrategias y análisis del mercado. Hablo dos idiomas y medio: español, inglés y alemán (adivina cuál medio hablo).

Por cuestiones de la vida, comencé a meterme al mundo *fitness*. Al inicio fue por las razones equivocadas, pero poco a poco y después de varios golpes de la vida, me di cuenta de que podía ser felizmente *healthy*.

En 2020, debido a la crisis mundial del COVID-19, empecé a contar mi experiencia en redes sociales. Nadie me seguía, pero tenía mucho tiempo libre y un objetivo: evitar que, al menos, una persona viva lo mismo que yo.

Tres meses después, ya éramos una comunidad de más de 100 mil personas. Ahí fue cuando descubrí que no estaba sola.

Nunca había estado sola.

9 786072 924284